Don't Be SHY

A MULTIMEDIA CHINESE COURSE
FOR INTERMEDIATE AND ADVANCED LEARNERS

别见外

中高级汉语视听说教程

歪果仁研究协会　视频原创

陶家骏（Jiajun Tao）　柴冬临（Donglin Chai）
马鹏飞（Pengfei Ma）　编著

北京大学出版社
PEKING UNIVERSITY PRESS

图书在版编目（CIP）数据

别见外：中高级汉语视听说教程.Ⅰ/陶家骏，柴冬临，马鹏飞编著. —北京：北京大学出版社，
2021.11

ISBN 978-7-301-32660-2

Ⅰ.①别… Ⅱ.①陶…②柴…③马… Ⅲ.①汉语－听说教学－对外汉语教学－教材 Ⅳ.①H195.4

中国版本图书馆CIP数据核字(2021)第208999号

书　　　名	别见外——中高级汉语视听说教程Ⅰ BIE JIAN WAI——ZHONG-GAOJI HANYU SHITINGSHUO JIAOCHENG Ⅰ
著作责任者	陶家骏　柴冬临　马鹏飞　编著
责任编辑	路冬月
标准书号	ISBN 978-7-301-32660-2
出版发行	北京大学出版社
地　　　址	北京市海淀区成府路205号　100871
网　　　址	http：//www.pup.cn　　　新浪微博：@北京大学出版社
电子信箱	zpup@pup.cn
电　　　话	邮购部 010-62752015　发行部 010-62750672 编辑部 010-62753334
印　刷　者	三河市博文印刷有限公司
经　销　者	新华书店
	889毫米×1194毫米　大16开本　20.25印张　363千字 2021年11月第1版　2024年3月第2次印刷
定　　　价	98.00元

未经许可，不得以任何方式复制或抄袭本书之部分或全部内容。

版权所有，侵权必究

举报电话：010-62752024　电子信箱：fd@pup.pku.edu.cn

图书如有印装质量问题，请与出版部联系，电话：010-62756370

前言

一、内容简介

《别见外——中高级汉语视听说教程》（Ⅰ、Ⅱ）是21世纪中国进入数字化时代后的一套面向中高级汉语学习者的当代汉语视听说教材。

本套教材视听材料为2017—2019年"歪果仁研究协会"制作的"别见外"系列第一季视频（共12集）。该系列视频以"歪果仁研究协会"会长、以色列友人高佑思的中国职业体验日记为主要内容，以纪录片形式呈现。该系列视频自在中国新媒体平台发布以来，观看次数过亿，反响热烈。高佑思深入中国各地，深度体验外卖员、支教教师、电商、地铁站站务员、列车乘务员、早点铺服务员、搬家公司搬运工、茶叶研究所科技特派员、火锅店服务员、快递员、小卖部店员、机场地服等12种职业，从一个精通汉语的外国人的视角全方位展现了当代中国社会的真实面貌以及普通中国人的日常工作、生活与精神世界。

本套教材以崭新的视角，紧扣"数字化时代的当代中国社会与中国人"这一主题，呈现了快速变化且丰富多元的中国社会生活百态，语言平实生动，内容丰富多彩，话题引人深思，既是学习汉语的优秀多模态语料，也是了解和认识当代中国社会的良好途径。本套教材既可以用于海内外中高级汉语视听说课程，也可以作为中国概况、当代中国社会乃至中国经济等课程的辅助教材，亦可作为学生了解当代中国的视听读物。

此外，本套教材系列视频的名称——"别见外"颇具深意。"别见外"（Don't Be Shy）既是对中国人说的，希望中国人不要将外国人看作"老外"，不要把他们视作不会说汉语、不了解中国的"外人"，在面对外国人时也无须害羞或难为情，应当平等沟通、坦诚相待；同时，"别见外"也是对广大汉语学习者说的，鼓励他们向高佑思学习，在日常生活和工作中主动使用汉语与中国人进行沟通交流。高佑思在这一点上为汉语学习者树立了极好的榜样。从这个意义上来说，这套教材对于帮助学习者激发学习热情、树立学好汉语的信心也必将发挥积极的作用。

不过整套教材仍有不足之处，如采访对象主要聚焦在城市打工的外地人或最基层百姓上，未能全面反映中国城市人的生活面貌，在以后视频拍摄、课文选择上可以进一步完善。

二、教材特色

1. 学生能观察到真实、客观、自然的中国社会以及普通老百姓平凡、忙碌、温情的生活

状态

在本套教材的系列视频里，高佑思分别体验各种普通职业，足迹遍及中国东西南北、城市乡村，从中国最基层体验和观察社会，向人们还原最真实的生活场景，展现最地道的语言，并通过闪烁着时代光辉的普通职业，打开一扇文化之窗，让全世界感受当代中国最显著的特征和最真实的气象。

2. 学生能学习到在中国社会完成高频生活交际任务的目标表达和方式

很多常见的生活交际任务，比如叫外卖、买早点、收快递等，对非目的语语境下的学生来说是比较陌生却又是生活必需的，这类地道表达也是需要训练的。与教师、中国朋友等学生熟悉的交际对象不同，外卖员、快递员、服务员等职业工作忙碌，语速很快，口音不一，甚至可能需要在嘈杂环境下进行交流，没有丰富经验的学生很难顺利完成这些交际任务，进而会影响到生活和工作的质量。同时，像小卖部、早点铺等看似不起眼儿的场所恰恰是学生了解普通中国人生活、交到新朋友的理想社交地点。学生通过本套教材的学习，可以积累一些恰当的目标表达和聊天儿话题，有助于他们走出校园，在周边社区交上更多的中国朋友。

3. 学生能体会到与中国人打交道时的得体态度以及与不同背景中国人沟通的技巧

高佑思来自以色列，是一名成功的汉语学习者，也是一名广受欢迎的"网红"与创业者，他拍摄的自媒体视频得到了中国网友的高度评价。高佑思的成功之处在于他擅长与中国人聊天儿打交道，真诚地与人交流，为人处事的方式得体大方，给人们留下了极好的印象。"别见外"视频最为人称道的就是中国人与外国人平等相待、坦诚沟通。虽然交际过程中也存在着一些不同文化之间的隔阂，高佑思偶尔也会闹出一些笑话，但是热情开朗的他总是以"不把自己当外人"的执着，真诚地与他所遇到的男女老少亲切攀谈，正是这份勇敢和真诚打动了很多人，也激发了汉语学习者的学习热情。

4. 学生能感受到一个外国人在中国社会不怕挑战、迎难而上的精神

作为视频主角，高佑思虽然家境优越，但是努力上进不骄气，在异国他乡与人合伙创业，不仅亲身体验各行各业的工作，还深入偏远的乡村古镇，不论隆冬盛夏，还是清晨深夜，都能见到他的身影。即便遇到各种挑战，甚至面对旁观者的不理解，他也仍然能够及时调整情绪，继续乐观地坚持下去。这种精神给广大汉语学习者树立了一个优秀的学习榜样。在目标文化环境中做事未必能够一帆风顺，没有任何阻碍，需要学好汉语沟通技巧，学以致用，迎接各种挑战。学汉语本身也有诸多挑战，但是只要像高佑思一样认真努力，就一定会得到别人的认可。

三、教材编写理念

本套教材在编写理念上注重吸收借鉴美国俄亥俄州立大学吴伟克教授（Galal Walker）和野田真理教授（Mari Noda）共同提出的"体演文化教学法"（Performed-Culture Approach）。"体演文化教学法"将语言、文化和交际三者有机融合，将文化置于教学的核心位置，以培养外语学习者在目的语文化社区中的参与能力为教学目标，以积累文化故事为教学内容，以体演为学习的主要形式，同时对教师和学生的角色和任务进行了新的界定，打破了传统教学方法以语言要素习得为教学目标的模式，使得培养学生的跨文化交际能力成为可能。[1]

我们认为，高佑思在"别见外"系列视频中的表现在实际上已成功践行了"体演文化教学法"所追求的理念，二者高度契合。本教材遵循"体演文化教学法"，强调运用教材提供的真实场景下地道对话的范本，通过精心设计，让学生在类似的场景下得体地灵活应用，来增强在中国文化环境下的综合交际能力。

四、教材编排设计

本套教材共分12课，每一课即"别见外"系列第一季视频的一集。由于其中不少视频会提到之前某集的经历，整体内容上有着连贯性，因此顺序按照视频发布的先后排列。

每课内容编排如下：

导语：介绍本课视频的背景知识，呈现中国社会的真实状况，帮助学生了解本课主题，激发学习兴趣。

第一部分：课文文本。每课课文根据视频内容和时长分为3大段，每段包括文本、词汇和内容讨论。词汇部分提供拼音、词性和英文注释等，并根据中华人民共和国教育部国家语言文字工作委员会2021年最新发布的《国际中文教育中文水平等级标准》[2]中的词汇级别标注等级。内容讨论包括给出的新问题，也包括学生之间、师生之间自由发挥的问答，由此来训练提问和思考的能力。

作为地道的真实口语语料，"别见外"系列视频中不免存在少数偏误、口误或离开视频句子不容易理解等情况，课文作如下处理：首先，为方便教师教授规范普通话，课文用

---

[1] 秦希贞（2017）《中美跨文化交际误解分析与体演文化教学法》，北京：外语教学与研究出版社，第126页。

[2] 中华人民共和国教育部国家语言文字工作委员会（2021）《国际中文教育中文水平等级标准》，北京：北京语言大学出版社，第36–169页。

带*号的灰色小字将偏误予以标出，并通过方括号补充纠正，例如原话：十点半来了。课文：十点半*来[到]了。这类偏误往往具有普遍性，教师应予以重视。其次，个别地方没有出现偏误，但为帮助学习者理解文意，补出了省略的内容，例如原话：那我们来装。课文：那我们来（把货品）装（到电梯里）。再次，对于可能会造成学习者误解的口误等也予以必要的修正。最后，对于可以通过情境理解，不会造成学习者误解的口误、不成句等情况不做处理。另外，每段视频时长因剪辑问题，可能与教材上略有秒数误差。

第二部分：语言点与练习。在语言点注释方面，注意借鉴北京语言大学冯胜利教授提出的"三一语法"（Trinitarian Grammar）这一新型二语教学语法体系。通过展示句子的形式结构、结构的功能作用和功能的典型语境，便于教师教学。[①] 此外，特别关注高佑思等在"别见外"视频中出现的真实偏误，进行相关词语比较分析。在例句方面，以对话为主，展现典型交际场景，可供学生模仿表演。练习部分有填空、配对和完成对话，着重对常用词汇和语法进行操练。

第三部分：情境重现与口头叙述。情境重现由师生根据提示合理演绎视频中的情境，重在训练学生站在视频中不同人物的角度，使用目标表达，完成交际任务。口头叙述训练学生复述视频中值得分享的片段，教师不仅要关注复述的准确度、流利度，还要引导叙述的连贯性和逻辑合理性，避免产生大量句子的堆砌。教师可以要求学生从观众的视角进行复述，也可以要求学生以视频中人物的角度进行复述，还可以让学生用某一主题来组织叙述（比如"最让人感动的是……"）。

第四部分：跨文化访谈。通过人物访谈训练学生反思、总结和表达的能力，同时训练学生进行中外文化社会的比较和个人观点的表达，流畅地跟同学、朋友分享自己国家的情况，恰当地表达自己对于社会现象的理解和观点。

[①] 语言点释义参考资料：
《成语大词典》编委会（2019）《成语大词典》（最新修订版），北京：商务印书馆。
冯胜利、施春宏（2015）《三一语法：结构·功能·语境——初中级汉语语法点教学指南》，北京：北京大学出版社。
吕叔湘（1999）《现代汉语八百词》（增订本），北京：商务印书馆。
中国社会科学院语言研究所（2020）《新华字典》（第12版），北京：商务印书馆。
中国社会科学院语言研究所词典编辑室（2016）《现代汉语词典》（第7版），北京：商务印书馆。
Kubler, Cornelius. 2016. *Intermediate Spoken Chinese: A Practical Approach to Fluency in Spoken Mandarin.* Tuttle Publishing.
Kubler, Cornelius. 2017. *Basic Mandarin Chinese: Speaking and Listening.* Tuttle Publishing.
https://resources.allsetlearning.com/chinese/grammar/Main_Page（访问日期：2021-6-7）
https://wenlin.com/zh-hant（访问日期：2021-6-7）

第五部分：课外实践与文化拓展。课外实践主要是知行合一，请学生运用从视频里学到的知识在生活中进行实践，要求回到课堂做口头报告，教师和同学给予反馈。文化拓展强调针对本课的主题进行深化，对相应的中国文化现象进行具有一定深度的解读，帮助学生理解现象背后的实质。

以上内容可由教师根据实际情况进行选用和改进。此外，为便于教学，教材所附视频有两个版本：一个是带字幕的，另一个是不带字幕的，可根据需要使用。本套教材课文是依据视频实录的，与原版字幕在极少数地方存在一些差异，也请读者留意。

五、教材试用反馈

本套教材初稿曾分别于2019、2020年秋季在苏州大学文学院汉语言文学专业一年级本科留学生汉语视听说课中试用[1]，任课教师分别为马鹏飞、李国印，学生人数共计22名，分别来自韩国、老挝、塔吉克斯坦、亚美尼亚、波黑、喀麦隆、毛里塔尼亚等7个国家。课程结束后，编写团队通过深度访谈方式，获取了留学生的反馈，详列于下，供读者参考。

1. 视听材料方面

（1）内容有趣，时长适中，不会长到让人忘记内容；难度合适，虽然有5级及以上的词语，但视听等多模态的输入方式有助于学习者在真实情境中理解词句的意思，从而能够把握视听材料中人物的交际意图。

（2）羡慕高佑思的体验内容，希望今后能像高佑思一样体验中国人的工作和生活。

（3）高佑思的外国口音听起来不但不会觉得不正宗，反而会觉得很亲切。虽然高佑思说的话偶尔会有语病，但这让学生觉得很真实。学生认为更重要的是应像高佑思一样大胆与中国人交际，而不是怕说错、怕说不流利，导致不敢与中国人交际。

（4）学生认为学习者对中国社会的认知过程应像高佑思一样，在体验中国生活并与中国人打交道后，再发表看法，这样的观点才有说服力和深度。

（5）视听材料内容与在中国的学习生活密切相关，对掌握符合中国文化特点的交际策略有很大的帮助。

（6）视听材料内容让学生了解了当代中国社会的真实情况，比如通过春运了解了中国人的习俗，通过外卖小哥的工作了解了他们的辛苦与不易。

2. 词汇和语法点方面

（1）通过视听材料学到的词汇和语法非常实用，能够运用到生活中，而不只是用于

---

[1] 2020年秋季受新冠肺炎疫情影响，采取线上教学。

考试。

（2）教师在教授语法时，强调了结构、语体等使用注意事项，易于掌握。

（3）教师对高佑思等外国人说的中文中出现的常见偏误的讲解，非常有用。

（4）视听材料比较适合已达到4级或5级的中高级学生，可能偶尔会有一些词语不易理解，但对整体的剧情理解不构成太大影响。

3. 练习方面

（1）情境重现练习帮助学生预演了和中国人交际的过程，有助于学生提前适应和中国人交际的节奏。

（2）学生认为体演的方式非常有趣，通过体演，他们能对交际过程有更深刻的印象。

（3）人物访谈让学生发现针对同一个问题有着不同的思考角度，了解了不同的观点。

六、致谢

本教材的编写和出版得到了北京大学出版社和"歪果仁研究协会"的大力支持，特别感谢责任编辑从选题申报到出版整个过程中给予编写团队的鼎力支持和辛勤付出，感谢苏州大学海外教育学院陆庆和教授校读全书后提出了许多宝贵的修改建议，感谢试用教材的马鹏飞、李国印两位年轻教师提供了高质量的反馈意见，感谢宜春学院袁文莉老师在校对过程中给予的帮助。由于编写者水平有限，教材中如有谬误之处，恳请读者批评指正。

特别令编写团队感动的是，2020年1月新冠肺炎在中国湖北肆虐，身在以色列的高佑思心系疫情，动员各方力量，通过各界帮助，积极奔走，为湖北筹措捐赠了10万只口罩、5万双医用手套、2,000套医用手术衣等宝贵医用物资，为湖北抗疫做出了巨大贡献，在此，编写团队谨向高佑思致以崇高敬意和衷心感谢！

略语表

adj.	adjective	xíngróngcí	形容词
adv.	adverb	fùcí	副词
aux.	auxiliary verb	zhù dòngcí	助动词（情态动词 qíngtài dòngcí、能愿动词 néngyuàn dòngcí）
conj.	conjunction	liáncí	连词
intj.	interjection	tàncí	叹词
m.	measure word	liàngcí	量词
n.	noun	míngcí	名词
num.	numeral	shùcí	数词
on.	onomatopoeia	nǐshēngcí	拟声词
part.	particle	yǔqì zhùcí	语气助词
p.n.	proper noun	zhuānyǒu míngcí	专有名词
pref.	prefix	qiánzhuì	前缀
prep.	preposition	jiècí	介词
pron.	pronoun	dàicí	代词
suf.	suffix	hòuzhuì	后缀
v.	verb	dòngcí	动词

目 录
CONTENTS

第 1 课
祝您用餐愉快
1

第 2 课
你为什么背上小书包
43

第 3 课
亲，买一条我们的秋裤吧
81

第 4 课
请先下后上，注意安全
137

第 5 课
列车上的31小时
179

第 6 课
凌晨五点的早点铺
221

生词总表
263

ZHÙ NÍN YÒNG CĀN YÚKUÀI

祝您用餐愉快

第 1 课

完整视频

导　语

　　外卖经济在全中国特别是年轻人群体中掀起了一股新的饮食文化浪潮。2018年中国外卖用户规模达到3.58亿人，2019年超过4亿人，餐饮外卖市场规模从2011年的21.68亿元增长到2019年的2,845.5亿元。"美团外卖""饿了么"是中国目前两大主要外卖平台。"美团外卖"2018年外卖总交易金额就已达到2,828亿元，日均交易1,750万笔；2019年的外卖员达到398.7万人。24岁及以下人群是外卖订单的主体，在"饿了么"平台占比高达65.27%，在"美团外卖"占比52.59%，成为外卖经济的主力。

　　外卖员送餐是怎样的体验？我们跟着高佑思去体验一下吧。

The food delivery economy has set off a new wave of food culture throughout China, especially among young people. The number of food delivery users has reached 358 million in 2018 and more than 400 million in 2019. The food delivery market size has grown from 2.168 billion yuan in 2011 to 284.55 billion yuan in 2019. The two main Chinese food delivery platforms are "**Měituán**" and "**Èleme**". In 2018 "**Měituán**" totaled 282.8 billion yuan in transactions, with an average daily transaction of 17.5 million. In 2019 they employed 3.987 million delivery drivers. People aged 24 and under are the main body of food delivery users. Among them, users aged 24 and under, who account for 65.27% of the "**Èleme**" users and 52.59% of the "**Měituán**" users, have become the main users of the food delivery economy.

　　What is it like to be a food delivery driver? Let's check it out with Gao Yousi!

PART 1
第一部分

准备内容
1. 观看视频，对照文本和词语，思考问题。
2. 自己准备几个问题（语言和文化都准备几个）。

课堂活动
1. 学生提问，其他同学和老师回答。
2. 老师对学生进行提问。

视频第一段 （开始—3分00秒）

[1]

张　辉（五道口外送组组长）：大家静一静！五道口站服务步骤：敲门致电要礼貌，自信微笑来介绍，核对餐品不可少，双手呈递很重要。

高佑思：我在想他们是不是以前没有见过一个外国人送外卖，会不会觉得有点儿……奇怪吧……我在等我的第一单。十点半*来[到]了，要*开始开工[了]。收到！好！走。这儿，就是这里。这里吧。到店了。三层。

张　辉：二层。

高佑思：哦，二层。

路　人：拍摄呢，是吧？刚才进电梯了，进电梯了。

高佑思：美团13号。

服务员：好，来了。

高佑思：你给我对一下（餐），谢谢！那我确认（取餐）？

服务员：对对对，按确认。

高佑思：好，OK，走。

[2]

高佑思：我看那个地址。哇，有点儿远。那么多车。你好，美团外卖。

顾　客：哦，好的。

高佑思：给你，你可以对一下那个餐品。

顾　客：嗯，好的。

高佑思:好了,好了。噢,O…OK。就感觉那个顾客有点儿不满,又不看我的脸,又不说"谢谢"。迟到了大概半个小时,她就拿了,我还是*非常对自己[非常]不满意。走走走走走……前台,9号单。谢谢,谢谢。

服务员:好,慢走。

[3]

高佑思:1001(室)。嗨,你好,这个是送给你的。

顾　客:Thank you.

高佑思:你可以对一下(餐)。

顾　客:OK, OK.

高佑思:Yes.

顾　客:好。OK, Thank you.

高佑思:Thank you. Thank you so much. Enjoy your meal!

张　辉:你怎么不说"祝您用餐愉快"呢?

高佑思:不好意思,我忘了,*因为我用英语说的,因为我中文有点儿说不顺这个,不好意思。祝您用……?

张　辉:餐愉快!

高佑思:用餐愉快!可以帮我对一下菜吧?那好的,那我可以确认。太累了,太累了!

路　人:边上那个门就是。

高佑思：非常感谢啊。

路　人：别客气。

高佑思：（手机尾号）8762。请用餐愉快！祝你用餐愉快啊！祝你用餐愉快。就看到一个满意的客人就感觉有点儿……就是跟顾客沟通，看[到]她的那个笑容，或*看[收]到她的这种感谢，我就[觉得]一切[都]值得。今天很多人没有那么注意我了，挺好的！

词 汇

祝	zhù	[v.]	[3级]	(express good wishes)
用餐	yòng cān		[7-9级]	eat a meal (commonly in a relatively formal situation)
愉快	yúkuài	[adj.]	[6级]	happy; cheerful

[1]

外送	wàisòng	[v.]		deliver
组长	zǔzhǎng	[n.]	[2级]	group leader
静	jìng	[v.]		be quiet
服务	fúwù	[v.]	[2级]	be in the service of
步骤	bùzhòu	[n.]	[7-9级]	procedure; step
敲	qiāo	[v.]	[5级]	knock

致电	zhì diàn			call to; to telephone
礼貌	lǐmào	[adj.]	[5级]	polite
自信	zìxìn	[adj.]	[4级]	self-confident
微笑	wēixiào	[v.]	[4级]	smile
核对	héduì	[v.]	[7-9级]	examine; verify
餐品	cānpǐn	[n.]		meal
呈递	chéngdì	[v.]		present/submit respectfully
送	sòng	[v.]		deliver
外卖	wàimài	[n.]	[2级]	food delivery
单	dān	[m.]	[4级]	(for orders)
开工	kāi gōng		[7-9级]	start working
收到	shōudào		[2级]	receive (收[4级]; 到 [cmp. 补语] completion of verbal action)
哦	ò	[intj.]	[7-9级]	Oh! (comprehension/realization)
路人	lùrén	[n.]	[7-9级]	passerby
拍摄	pāishè	[v.]	[5级]	shoot (a film)
呢	ne	[part.]		(express action in progress)
美团	Měituán	[p.n.]		Meituan (a Chinese shopping platform for locally found consumer products)
对	duì	[v.]	[2级]	check
确认	quèrèn	[v.]	[4级]	confirm
取餐	qǔ cān			pick up a meal
按	àn	[v.]	[3级]	press

[2]

地址	dìzhǐ	[n.]	[4级]	address
顾客	gùkè	[n.]	[4级]	customer; client
嗯	ǹg	[intj.]		OK; Agreed!
感觉	gǎnjué	[v.]	[2级]	feel
不满	bùmǎn	[adj.]	[2级]	dissatisfied
又	yòu	[adv.]	[2级]	(emphasize negation, often used in an accusatory context)
大概	dàgài	[adv.]	[3级]	probably
对	duì	[prep.]	[2级]	(introduce the recipient of the action)
前台	qiántái	[n.]	[7-9级]	front desk
慢走	mànzǒu	[v.]		(lit. slowly leave) take care (friendly advice by the host to the guest to be careful when departing)

[3]

说不顺	shuō bu shùn			not be able to say fluently
尾号	wěihào	[n.]		tail number
沟通	gōutōng	[v.]	[5级]	communicate
笑容	xiàoróng	[n.]	[6级]	smiling expression
感谢	gǎnxiè	[v.]	[2级]	thank; be grateful
一切	yíqiè	[pron.]	[3级]	everything
值得	zhí dé		[3级]	be worthy of
注意	zhù yì		[3级]	pay attention to

问 题

1. 送外卖有哪些服务步骤？

2. 高佑思为什么对自己不满意？

3. 高佑思为什么没用中文说"祝您用餐愉快"？

视频第二段 （3分00秒—6分24秒）

[4]

高佑思：大家好！看起来挺好吃的呀。真的饿死了，天天送很多单，然后都看[别人]吃，然后自己不能吃就很难过。

外卖员：对。习惯就好了。

高佑思：那你为什么选择做这个？

外卖员：这个工资相对来说，稍微可以一点儿。

高佑思：是吗？每天要送多少单？

外卖员：每天40（单）以上。

高佑思：多少？

外卖员：40（单），40（单）以上。

高佑思：40（单）以上？

外卖员：每天不会低于40（单）。

高佑思：那我刚才送了6单，我还差34（单）。

高佑思：现在五点多了。[到]现在为止，我学到一点：[这个工作]需要智商比较高，而且快速反应能力非常高。就是你应该……不仅是你[的]快速反应能力，而[且]是你的学习能力。因为你经常会收到很多单子，比如说两三个（同时派单），然后同时你要做一个非常快的决定，到底先去哪儿，取哪一个菜，然后送到哪儿。这个是到现在[的情况]，然后马上要*去[到]晚上的那个高峰期[了]吧。

[5]

高佑思：太多了，太多了，这儿车子太多*车子了。你好，我是美团外卖38号。嘿，你的菜。祝你用餐愉快啊！

顾　客：谢谢。

高佑思：谢谢你啊。

顾　客：拜拜。

高佑思：嗯，拜拜。

高佑思：我在楼下，好好好，OK。

顾　客：（手机尾号）711。

高佑思：对对，是你的两个米饭。

顾　客：是我的，是我的，谢谢您。

高佑思：行，用餐愉快啊，谢谢！

高佑思：要……发票，怎么开发票呢？你好，美团外卖。好了啊，谢谢。欸，稍等，稍等，稍等！欸，稍等一下啊，稍等。你不知道是吧？啊，你不知道，好。这里？谢谢。对一下。用餐愉快啊，拜拜。赶紧赶紧！（手机尾号）3520吗？

顾　客：嗯，不是的。

高佑思：啊，不是的。抱歉，不是*我[你]。

顾　客：你好，不好意思，是（尾号）3520。

高佑思：是吗？

顾　客：谢谢啊。

高佑思：用餐愉快啊。谢谢啊。那我走了。

高佑思：啊，您好，您好！

服务员：让我*再穿个衣服再拍呗。

高佑思：您好，我是美团外卖19号。两个单同一个地方，不错！

[6]

高佑思：啊，你好，我是外卖。我刚才不好意思，迟到了一点儿，因为找了半天。我在楼下。嗯，我上去还是你下楼？

顾　客：啊，您上来吧！六楼。

高佑思：六楼？好好，我过来吧。Oh my God! 我要跑六层吗？啊，你好。

顾　客：您好！

高佑思：你是？

顾　客：（手机尾号）0139。

高佑思：（手机尾号）0139。嗯，好。你确认一下这个是你的餐。好，行！

顾　客：你是，你是……

高佑思：用餐愉快！

顾　客：这是外国人。还有，这是什么东西呀？Where are you from?

高佑思：我*是来自以色列。不好意思，我还有一个单子，我要赶紧走。

顾　客：哦，拜拜，拜拜。

高佑思：拜拜！小心，小心！

词 汇

― [4] ―

| 难过 | nánguò | [adj.] | [2级] | sad |
| 外卖员 | wàimàiyuán | [n.] | | food delivery worker |

习惯	xíguàn	[v.]	[2级]	get used to
选择	xuǎnzé	[v.]	[4级]	choose
工资	gōngzī	[n.]	[3级]	salary
相对来说	xiāngduì láishuō			relatively speaking
相对	xiāngduì	[adj.]	[7-9级]	relative
稍微	shāowēi	[adv.]	[5级]	slightly
可以	kěyǐ	[adj.]		(coll.口语词) good
以上	yǐshàng	[n.]	[2级]	more than
低于	dī yú		[5级]	lower than
为止	wéizhǐ	[v.]	[5级]	up to; till
智商	zhìshāng	[n.]	[7-9级]	intelligence quotient (IQ)
快速	kuàisù	[adj.]	[3级]	quick
反应	fǎnyìng	[v.]	[3级]	respond
能力	nénglì	[n.]	[3级]	ability
不仅	bùjǐn	[conj.]	[3级]	not only
单子	dānzi	[n.]		order
比如说	bǐrú shuō		[2级]	for example
同时	tóngshí	[n.]	[2级]	at the same time
派单	pài dān			dispatch (an order)
到底	dàodǐ	[adv.]	[3级]	on earth (add emphasis to a question)
取	qǔ	[v.]	[2级]	take

情况	qíngkuàng	[n.]	[3级]	situation; circumstance
高峰期	gāofēngqī	[n.]	[7-9级]	rush hour period (高峰[6级])

― [5] ―

嘿	hēi	[intj.]		Hey!
拜拜	báibái	[v.]		byebye
行	xíng	[v.]	[1级]	all right
发票	fāpiào	[n.]	[4级]	official tax invoice
开	kāi	[v.]		issue
稍等	shāo děng			wait a moment
赶紧	gǎnjǐn	[adv.]	[3级]	hurry up
抱歉	bàoqiàn	[adj.]	[6级]	be sorry
呗	bei	[part.]		(indicate obviousness or grudging agreement)

― [6] ―

跑	pǎo	[v.]		run about doing something
来自	láizì	[v.]	[2级]	come/stem/originate from
以色列	Yǐsèliè	[p.n.]		Israel

问题

1. 那个外卖员为什么选择送外卖的工作？

2. 高佑思学到送外卖需要哪些能力？

3. 高佑思送外卖的时候，客人有什么反应？

视频第三段 （6分25秒—9分25秒）

[7]

保　安：这老外怎么还送餐*的了[呢]？

高佑思：没什么，没事儿，送餐的。所有这个送餐的，[无论是]老外[还是]中国人，都[是]为了服务吧。是不是少了一些*吧？有多少？一二三四……

服务员：一共九个。

高佑思：好啦，谢谢。OK，出发了。七楼吧？好好，我上去啊，你稍等一下啊。

保　安：不让上去。

高佑思：很快，哥们儿，真的很快很快。

保　安：赶紧让他下来。

高佑思：他*不让我[不肯]下来。真的麻烦你，真的很快，哥们儿。Please！你跟我一起，你跟我一起上。

保　安：上几层啊？

高佑思：非常感谢啊。麻烦你了，真的。

高佑思父亲：Thank you.

高佑思：What?

高佑思父亲：Thank you so much.

高佑思：Enjoy your meal. I'm gonna get other stuff. Was it fast?

高佑思父亲：很好。

高佑思：What are you doing? Because of you, I'm gonna be late. 抱歉，抱歉。他是我爸。他骗我。我老爸真的疯了，每天都有不同的惊喜。你老爸也*可以[会]这样整你吗？

[8]

高佑思：没想到这个工作需要那么多的能力和技巧。作为一个以色列人，我们也挺重视那个工作，今天发现其实中国人，可能是在全世界最拼、最努力的一*种[个]民族。

张　辉：就是觉得很多人还不太了解这个行业，当一个订单到你手上之后，要对这个订单负责。对于这个外卖[行业]，我可以这么说：它是蛮辛苦的。有些时候，它是超时了，（在高峰期）*就[这也]是迫不得已。希望顾客能多理解一下我们这个行业吧。

高佑思： 我觉得如果能够把这个视频给我的外国朋友看，外卖、快递这种服务类的工作，工资也不一定那么低，我觉得非常非常值得外国人也去体验。我们今天成为了好朋友。

高佑思： 嘿，大家，夜班啊，夜班啊，大家，今天。

[9]

高佑思今天送了17单，约合80元（如果不扣掉从最后一个顾客手里抢走的奶茶）。

北京"单王"平均每天的送单数是84单，每个外卖员每天的单数在40单以上，每月能拿到6,500—8,500元的工资。

在我们轻松的点餐、拿餐之间，是他们如同视频中一样奔跑再奔跑，用自己的汗水换得一份值得尊重的收入。

辉哥说："天气转凉以后，尤其是冬天，外卖员的数量会减少，而订单数量会激增。"

请多珍惜他们的努力。

祝您用餐愉快！

词 汇

[7]

保安	bǎo'ān	[n.]	[3级]	security guard
老外	lǎowài	[n.]		(coll.口语词) foreigner
所有	suǒyǒu	[adj.]	[2级]	all; every
送餐	sòng cān			deliver meal
无论	wúlùn	[conj.]	[4级]	regardless of
为了	wèile	[prep.]	[3级]	for the sake of; in order to
出发	chūfā	[v.]	[4级]	set off
哥们儿	gēmenr	[n.]		(coll.口语词) buddy
肯	kěn	[aux.]	[6级]	be willing to
麻烦	máfan	[v.]	[3级]	bother
骗	piàn	[v.]	[5级]	trick
疯	fēng	[adj.]	[5级]	crazy
不同	bùtóng	[adj.]	[2级]	not alike; different
惊喜	jīngxǐ	[adj.]	[6级]	surprise
整	zhěng	[v.]	[3级]	trick

[8]

技巧	jìqiǎo	[n.]	[4级]	skill
作为	zuòwéi	[prep.]	[4级]	as
重视	zhòngshì	[v.]	[2级]	value

发现	fāxiàn	[v.]	[2级]	find; discover
其实	qíshí	[adv.]	[3级]	actually; in fact
全世界	quán shìjiè		[5级]	whole world
拼	pīn	[v.]	[5级]	fight bitterly
民族	mínzú	[n.]	[3级]	nation
了解	liǎojiě	[v.]	[4级]	acquaint oneself with
行业	hángyè	[n.]	[4级]	industry
当	dāng	[prep.]	[2级]	when
订单	dìngdān	[n.]	[7-9级]	order; a commission to purchase
之后	zhīhòu	[n.]	[4级]	after
负责	fùzé	[v.]	[3级]	be responsible for; be in charge
对于	duìyú	[prep.]	[4级]	with regard to
蛮	mán	[adv.]	[7-9级]	(topo.方言词) pretty
辛苦	xīnkǔ	[adj.]	[5级]	laborious
超时	chāoshí	[v.]		be overtime
也	yě	[adv.]		to soften the delivery of the statement, making the speaker sound more sympathetic to the listener
迫不得已	pòbùdéyǐ			one has no alternative and is being forced to accept an option
理解	lǐjiě	[v.]	[3级]	understand
能够	nénggòu	[aux.]	[2级]	be able to; be capable of
视频	shìpín	[n.]	[5级]	video

快递	kuàidì	[n.]	[4级]	fast delivery
类	lèi	[n.]	[3级]	type
不一定	bù yídìng		[2级]	not necessarily
体验	tǐyàn	[v.]	[3级]	learn through experience
成为	chéngwéi	[v.]	[2级]	become
夜班	yèbān	[n.]	[7-9级]	night shift

──── [9] ────

约	yuē	[adv.]	[3级]	approximately
合	hé	[v.]	[3级]	add up to
扣掉	kòudiào			deduct (扣[6级]; 掉[cmp.补语] [2级]away; out)
抢走	qiǎngzǒu			take away by force (抢 [5级])
奶茶	nǎichá	[n.]	[3级]	milk tea
单王	dānwáng	[n.]		(lit. king of orders) someone who completes the most orders
平均	píngjūn	[v.]	[4级]	on average
数	shù	[n.]	[2级]	number
轻松	qīngsōng	[adj.]	[4级]	relaxed
点餐	diǎn cān			order a meal
之间	zhī jiān		[4级]	among
如同	rútóng	[v.]	[5级]	as if
奔跑	bēnpǎo	[v.]	[6级]	run

汗水	hànshuǐ	[n.]	[7-9级]	sweat
份	fèn	[m.]	[2级]	(for incomes, meals, jobs)
尊重	zūnzhòng	[v.]	[5级]	respect
收入	shōurù	[n.]	[2级]	income
转	zhuǎn	[v.]	[3级]	turn
尤其	yóuqí	[adv.]	[5级]	especially
数量	shùliàng	[n.]	[3级]	quantity
减少	jiǎnshǎo	[v.]	[4级]	reduce
而	ér	[conj.]	[4级]	yet
激增	jīzēng	[v.]		soar
珍惜	zhēnxī	[v.]	[5级]	cherish

问 题

1. 保安让高佑思上楼送餐吗？高佑思用了什么办法？

2. 张辉希望顾客能做什么？为什么？

3. 高佑思的体验跟他以前想的一样吗？

PART 2
第二部分

✅ 准备内容

1.学习语言点，熟读课文例句及其他例句。

2.完成书面练习。

课堂活动

1.讨论语言点例释，流利地表演例句情境。

2.讨论书面练习。

🔍 语言点

1 祝您……愉快　zhù nín……yúkuài

用来礼貌地祝愿对方有愉快的经历。

Zhù nín……yúkuài is used to politely wish someone a pleasant experience.

[3] 张辉：你怎么不说"祝您用餐愉快"呢？

（1）祝您工作愉快！

（2）祝您生活愉快！

（3）祝您旅行愉快！

（4）祝您购物愉快！

2 V+起来　V+qǐlái

起来可作为补语，跟在**看、吃、穿、闻、听、说、做**等单音节动词之后，后面接表示评价的短语或句子。

$$S + V + 起来 + AP$$

Qǐlái can be used as a complement after a monosyllabic (i.e., one syllable) verb (e.g., kàn, chī, chuān, wén, tīng, shuō, zuò) to express that the speaker has just initiated the action, and based on that, has made a preliminary judgement, in the form of a phrase or sentence that follows.

$$S + V + qǐlái + AP$$

[4] 高佑思：大家好！看起来挺好吃的呀。

（1）妈妈A：你看起来很年轻，还不到三十吧？
妈妈B：我今年二十九。

（2）朋友A：你觉得那套房子怎么样？
朋友B：看起来不错，就是有点儿贵。

（3）餐厅服务员：请问您有什么问题？
顾客：这个菜吃起来特别咸。

（4）朋友A：这条裙子怎么样？
朋友B：好看，穿起来肯定漂亮。

（5）室友A：麻婆豆腐做好了，快来吃吧！
室友B：闻起来真香啊。

3 相对来说 xiāngduì lái shuō

用来表达说话者在和其他事物比较后对某个事物的看法。

$$S + 相对来说 + AP$$

This pattern expresses the speaker's point of view after comparing with other options.

$$S + xiāngduì lái shuō + AP$$

[4] 高佑思：那你为什么选择做这个？

外卖员：这个工资相对来说，稍微可以一点儿。

（1）家长A：这个学校一年的学费要一万块钱！

家长B：别的学校更贵，这相对来说还是便宜的。

（2）朋友A：这几家餐厅你觉得哪个比较好？

朋友B：我觉得那个广东餐厅相对来说好一点儿。

（3）学生A：今天的考试相对来说很难。

学生B：已经比上个学期的考试简单多了。

4 ……于…… ……yú……

介词**于**常用在**高、低、大、小、好**等单音节形容词后，在结构Ⅰ中用来表达某个事物的范围，在结构Ⅱ中用来表达两个事物的比较结果。

Ⅰ. S＋Adj.＋于＋数量短语

Ⅱ. A＋Adj.＋于＋B

The preposition **yú** is often used after a monosyllabic adjective such as **gāo, dī, dà, xiǎo, hǎo**. The first structure indicates the range of a subject (e.g., higher/lower/bigger/smaller/better than). The second structure indicates a comparative result of two things.

Ⅰ. S＋Adj.＋yú＋[Quantity Phrase]

Ⅱ. A＋Adj.＋yú＋B

[4] 高佑思：40（单）以上？

外卖员：每天不会低于40（单）。

Ⅰ.（1）外地朋友：为什么说昆明冬暖夏凉？

昆明朋友：冬天不低于10℃，夏天不高于30℃，是不是很舒服？

（2）同事A：你说上海的房子都很贵，有多贵呢？

　　　同事B：新房没有低于五百万的，你说贵不贵？

II.（3）今年中国的经济数据好于预期。

（4）今年的留学生少于去年。

（5）对她来说，爱情高于一切。

5　V个O　V ge O

个用在动词和宾语之间（如：**穿个衣服**、**看个电影**、**睡个觉**、**见个面**），使动作显得比较轻快、随意。

V＋个＋O

Ge (neutral tone) is used between a verb and an object (e.g., chuān ge yīfu, kàn ge diànyǐng, shuì ge jiào, jiàn ge miàn) to increase the informality and casualness of the action.

V＋ge＋O

[5] 高佑思：啊，您好，您好！

　　服务员：让我*再穿个衣服再拍呗。

（1）朋友A：下午我们做什么呢？

　　朋友B：我们一起去看个电影，怎么样？

（2）妻子：回来了？什么时候去上夜班？

　　丈夫：我先洗个澡，睡个觉，休息一下。

（3）老同学A：你已经到北京了？那我们明天见个面吧。

　　老同学B：好啊，那你找个地方吧。

6　为了　wèile

介词**为了**表示目的。一般有两种格式：

I. 为了A，B

II. B是为了A

A是目的，B是为了实现目的而采取的措施。

Wèile, "in order to; for the purpose of", is preposition and often used to indicate the purpose of an action. In general, there are two structures.

I. wèile+A，B

II. B+shì wèile+A

A is the purpose and B is the action to achieve the purpose.

[7] 高佑思：所有这个送餐的，[无论是]老外[还是]中国人，都[是]为了服务吧。

I.（1）为了找一份工资更高的工作，上周他去了北京。

（2）为了上课不迟到，我每天6点半就起床。

（3）为了面试，我买了一套很贵的西装。

II.（4）我们那么努力，都是为了公司吧。

（5）我每天那么辛苦地工作就是为了养家。

（6）我来中国是为了更好地了解中国。

7 没想到…… méi xiǎngdào……

用来表达说话人意识到了一个意想不到的事实。

（S+）没想到+小句

Méi xiǎngdào indicates that the speaker has realized an unexpected fact.

(S+) méi xiǎngdào+clause

[8] 高佑思：没想到这个工作需要那么多的能力和技巧。

（1）同学A：你考试考得怎么样啊?
　　　同学B：哎，没想到这次考试这么难。

（2）朋友A：我介绍一下，这是我女朋友。
　　　朋友B：小王，真没想到你女朋友这么漂亮啊!

（3）邻居A：真没想到你连汽车都会修，谢谢啊。
　　　邻居B：我以前在汽车厂里工作，所以懂一点儿。

8　对……负责　duì……fùzé

用来表达对某人或某事承担责任。

S+对+O+负责

Duì……fùzé is used to express being responsible for someone or something.

S+duì+O+fùzé

[8] 张辉：当一个订单到你手上之后，要对这个订单负责。

（1）同事A：我先走了，你怎么还不下班?
　　　同事B：今天的事儿太多了，我要对客户负责啊。

（2）警察：喝了酒还开车，你这是对自己不负责!
　　　司机：对不起，我错了。

（3）他对这件事儿负责，有什么问题问他吧。

（4）妈妈常教育我："你要对你做过的事儿负责!"

（5）每个人都应该对自己的决定负责。

9　迫不得已　pòbùdéyǐ

迫不得已这个成语用来表达某人被迫接受某种情况。**迫**是动词，意思是逼迫。

不得已是形容词，意思是没有别的选择。注意说话人解释情况时，经常使用副词**也**，表示委婉的语气。

> I. S+**也是迫不得已**（+才+VP+的）

> II. S+**迫不得已**+VP

Pòbùdéyǐ is an idiom that means one has no alternative and is being forced to accept an option. Pò is a verb that means "force". Bùdéyǐ is an adjective that means "have no alternative". Note that the adverb yě is often used to express a softened tone.

> I. S+**yě shì pòbùdéyǐ**（+cái+VP+de）

> II. S+**pòbùdéyǐ**+VP

[8] 张辉：对于这个外卖[行业]，我可以这么说：它是蛮辛苦的。有些时候，它是超时了，（在高峰期）*就[这也]是迫不得已。

I.（1）朋友A：你毕业以后怎么去饭店打工了呢？

朋友B：现在找工作太难了，我也是迫不得已，没有办法。

（2）同学A：你怎么把我们喝酒的事儿告诉老师了？

同学B：我也是迫不得已才说的。

II.（3）他十二岁的时候父母去世了，迫不得已离开了家乡，来到了这儿。

（4）她家的经济情况特别差，为了养家，她还不到十八岁就迫不得已出去打工了。

10　不一定　bù yídìng

不一定用来表达说话人觉得某事存在不确定性。

> I. S+**不一定**+VP/AP

> II.（我觉得+）**不一定**

Bù yídìng is used to express that something may not necessarily be the case.

> I. S＋**bù yídìng**＋VP/AP

> II. (Wǒ juéde＋) **bù yídìng**

[8] 高佑思：外卖、快递这种服务类的工作，工资也不一定那么低。

I. （1）学生A：这是书里说的，不会错。

　　学生B：我觉得书里不一定都是对的，我们去问问老师吧。

（2）朋友A：这些衣服怎么都那么贵啊？

　　朋友B：贵的东西不一定好。

（3）学生A：刚才老师说了半天，我也没听懂。你听懂了吗？

　　学生B：我也没听懂，我觉得他自己也不一定都懂。

II. （4）同事A：这位客人是不是要求很高？

　　同事B：我觉得不一定，你还是先和他见个面吧。

（5）中国人都喜欢吃番茄炒蛋？（我觉得）不一定。

11　V+掉　V+diào

掉是结果补语，用在动词后，表示动作的结果。当动词是及物动词时，表示"去除"，如：**去掉、吃掉、忘掉、换掉**。当动词是不及物动词时，表示"离开"，如：**走掉、跑掉、逃掉、死掉**。

-**diào** is a result complement and used after verbs to indicate the result of an action. When verbs take direct objects, they express "remove", such as: **qùdiào**, "get rid of", **chīdiào**, "eat off", **wàngdiào**, "forget", **huàndiào**, "replace". When verbs take no direct objects, they express "away", such as **zǒudiào**, "depart/leave", **pǎodiào**, "run away", **táodiào**, "run away", **sǐdiào**, "die".

[9] 高佑思今天送了17单，约合80元（如果不扣掉从最后一个顾客手里抢走的奶茶）。

（1）学生A：读了很多书，但是都忘掉了。读书的意义在哪里？

学生B：读书可以培养你的思考能力，对你以后一定有影响。

（2）妈妈：你去哪儿了？一口气喝掉一瓶水。

儿子：我刚跑完步，外面又太热了。

（3）经理：让李明来一下办公室。

秘书：他下午外面有事儿，已经走掉了。

（4）学生A：期末考试周累得快要死掉了。

学生B：坚持一下，马上就放假了。

练 习

一、填空

| 确认 | 不满 | 大概 | 沟通 | 稍微 | 出发 |
| 骗 | 重视 | 迫不得已 | 理解 |

1. 同事A：经理还是不明白我们的意思，怎么办？

   同事B：我觉得我们还需要和他_____一下。

2. 同事A：小刘什么时候到啊？

   同事B：别急，他说_____十分钟以后到，我们先进去等他吧。

3. 学生A：偷东西的人是张明吗？

   学生B：警察已经_____了，偷东西的人并不是张明。

4. 朋友A：玛丽在中国生活得怎么样？

   朋友B：虽然玛丽只在中国生活了一年多，但她已经能_____很多中国文化了。

5. 朋友A：你为什么对你的男朋友很_____？

   朋友B：他和我在一起的时候只知道打游戏，都不和我说话，我很生气。

6. 学生A：我真的不知道是谁拿走了你的书。

　　学生B：你别_____我了，你一直在教室里，一定知道是谁拿走的。

7. 学生A：为什么小李晚上还去饭店做服务员，他不觉得累吗？

　　学生B：他连吃饭的钱都没有了，所以他晚上去做服务员也是_____。

8. 同事A：不好意思，可以把空调温度_____调高一点儿吗？我有点儿冷。

　　同事B：好的，我现在就调一下。

9. 同事A：今天老板怎么也来了？

　　同事B：你不知道吗？王经理是我们的大客户，老板对他非常_____。

10. 朋友A：我们明天早上六点就走吧！

　　朋友B：六点太早了，我们还是明天早上七点_____吧。

二、配对

1. 都已经12点半了，我的外卖怎么还没到？

2. 我要带走的菜都做好了吗？

3. 你觉得这件衣服怎么样？

4. 这篇课文你读得怎么样了？

5. 老板，这件衣服能便宜点儿吗？八十块怎么样？

6. 电影还有五分钟就开始了，我们可能买不到票了。

7. 糟糕，这个项目现在怎么办呢？

8. 真没想到周静和男朋友分手了。

9. 小李人呢？

A. 我读得还不太顺。

B. 很漂亮，你穿起来肯定更漂亮。

C. 真不好意思，路上堵车堵得太厉害了，我大概十分钟后到。

D. 都做好了，您拿好。祝您用餐愉快！

E. 是啊，我还一直觉得他们的感情挺不错的呢。

F. 真对不起，都是我的错，我会对这件事儿负责的。

G. 不行，低于一百肯定不行。

H. 也不一定，我们去问问吧。

I. 他一下班就走掉了。

三、完成对话

1. 朋友A：北京的冬天真冷啊！

   朋友B：哈尔滨的冬天比北京还冷呢，北京的冬天＿＿＿＿＿＿＿＿＿＿＿＿＿。

   （相对来说）

2. 朋友A：你去哪儿？电影快开始了！

   朋友B：不好意思，我去＿＿＿＿＿＿＿＿＿＿＿＿＿＿。（……个……）

3. 朋友A：现在的工作都赚不了多少钱。

   朋友B：＿＿＿＿＿＿＿＿＿＿＿＿＿＿＿＿＿＿＿。（不一定）

4. 工作人员：欢迎您乘坐我们的飞机，＿＿＿＿＿＿＿＿＿＿！（祝……愉快）

   乘客：谢谢！

5. 学生A：别学习了，跟我去打篮球吧！

   学生B：不行，快考试了，＿＿＿＿＿＿＿＿＿＿＿＿。（对……负责）

6. 朋友A：你儿子的学习成绩怎么样？

   朋友B：他学习成绩特别好，每次考试成绩都＿＿＿＿＿＿＿＿＿＿＿＿。

   （……于……）

7. 朋友A：你真的只花了一百块就买到了这么漂亮的裙子？

   朋友B：是啊，＿＿＿＿＿＿＿＿＿＿＿＿＿＿＿＿＿。（没想到）

8. 朋友A：我们这个周末去上海怎么样？还能去吃点儿上海的美食呢！

   朋友B：＿＿＿＿＿＿＿＿＿＿＿＿＿＿＿＿＿＿。（……起来）

9. 姐姐：我的巧克力呢？

   弟弟：＿＿＿＿＿＿＿＿＿＿＿＿＿＿＿＿＿＿＿。（V+掉）

PART 3 第三部分

准备内容

熟读视频文本，准备情境重现及口头叙述，尽量脱稿表演。

课堂活动

老师引导学生轮流进行情境重现及口头叙述，老师及时给予反馈。

情境重现

老师与学生（或学生与学生）根据提示，合理表演视频里的情境。

1. 跟外卖员一起吃饭，问问外卖员的工作和生活。
2. 保安不让上楼，顾客不肯下楼。
3. 跟张辉聊聊外卖这个行业。

小提示

在情境重现这个学习活动中，可以先由老师扮演主动性更多的角色，让学生充当另一个角色时把沟通信息和目标表达对答出来，只要符合语法规范，不必完全跟文本字字对应。欢迎在原视频内容上合理地自由发挥，但沟通目的要能达成，而且有礼有节。

当老师扮演一个角色时，虽然不断提问，但是要避免咄咄逼人，可以偶尔停顿，由学生充当另一角色提出问题或评价。第一轮老师可以先当高佑思，学生A当外卖员。第二轮老师可以当外卖员，换学生B当高佑思。下一轮可让学生C当高佑思，学生D当外卖员。待学生日后熟悉了这项活动，明白引导目标表达的意图以后，可以尝试直接让两名学生扮演两种角色。

口头叙述

学生用自己的话，从不同的角度来复述视频里的故事。

1. 从高佑思的角度，聊聊外卖员的体验。
2. 从张辉的角度，谈谈老外当外卖员的表现。
3. 从保安的角度，说说老外送餐的情况。

小提示

这里提供一个从高佑思的角度复述的文本，作为范例。建议老师根据学生不同水平和教学要求，既可选择让学生自己组织语言，也可要求学生照着范例说。无论是哪种方法，都请老师不仅注意语法的规范，更注重复述是否连贯，是否吸引人。

"上个星期我在五道口送了一天外卖。我是上午十点半开工的。送外卖的服务步骤是这样的：我收到订单以后，先去餐厅，报上订单号码，确认餐品，然后非常快地送给顾客。一开始我中文有点儿说不顺，我忘了说'祝您用餐愉快'，不过后来我说得多了，就说得顺了。

"中午的时候，我跟一名外卖员一边吃午饭，一边聊天儿。他们选择做这个工作一般是因为工资相对来说还可以，但是那个外卖员每天不会低于40单，真的很累的。

"有一次我去送餐的时候，保安不让我上去，我告诉他我真的很快，还让他跟我一起上。没想到这个单是我爸订的。他骗我。我老爸真的疯了，每天都有不同的惊喜。

"虽然送外卖真的很累，但是当我看到顾客的笑容，收到他们的感谢，我就觉得一切都值得。通过送外卖，我学到一点，这个工作需要智商比较高，而且快速反应能力非常高。我听说北京的'单王'平均每天的送单数是84单。他们的收入是用自己的汗水换得的。希望大家珍惜他们的努力！"

PART 4
第四部分

准备内容
重看视频，根据视频话题准备问题，学习主持讨论的表达，准备课堂讨论。

课堂活动
学生轮流担任主持人，带领全班同学一起讨论。

跨文化访谈

如果课后邀请视频中的人物进行访谈，主持人可以问哪些问题，这些人物会怎么回答？请老师、同学们组织一次访谈，聊聊视频中的体验和想法。也请观众回答一些问题。以下的访谈提纲供师生选择使用。鼓励学生自己准备访谈问题，并邀请视频中其他人物加入访谈。

高佑思：

1. 送外卖的服务步骤是什么？
2. 你做外卖员的时候，最难的事情是什么？
3. 你还记得什么有意思的事儿吗？
4. 什么时候会让你觉得这个工作很值得？
5. 这次体验外卖员的工作让你学到了什么？

张辉：
1. 老外外卖员什么地方做得好？什么地方可以做得更好？
2. 美团外卖的外卖员大概每天送多少单？工资有多少？
3. 天气和季节变化对外卖员的工作有什么影响？
4. 对点外卖的顾客，你有什么想说的？

观众：
1. 你在中国或者在你们国家点过外卖吗？
2. 你们国家有没有外卖员？他们的收入是什么样的，社会地位如何？如果送外卖超时了，怎么办？

小提示

一开始可以由老师担任主持人串场，慢慢地可以由学生合作、独立主持。角色可以提前安排好，让学生充分准备合适的问题和可能的回答。请老师注意训练学生主持讨论的能力。以下的表达供师生参考。

1. 介绍讨论话题 Introduce the theme of discussion

欢迎来到我们今天的"跨文化访谈"。今天我们请到了……里的几位人物，跟我们聊一聊……大家欢迎！

我觉得……是一个很有趣的话题，所以想听听大家的看法。

除了……以外，我还想跟大家讨论一下……

2. 提出具体问题 Ask concrete questions

第一个问题是……

我想问大家的第二个问题是……

3. 确认发言观点 Respond to a speaker's comment

你的意思是……

你说的有道理，不过……

4. 总结结束讨论 Give a general summary

我觉得今天的讨论很有意义，谢谢大家！

由于时间的关系，这个话题就先说到这儿。

PART 5
第五部分

准备内容

根据课外实践要求，出门做任务，写下笔记，准备口头报告。

课堂活动

学生轮流进行口头报告，欢迎同学和老师提问，老师给予反馈。

课外实践

你点过外卖吗？你知道哪些外卖平台？如果还没有点过，学习一下怎么用外卖App，然后点一份你喜欢的外卖。如果已经点过的话，可以谈谈以前点外卖的经历。去饭馆儿比较多的地方考察一下，外卖员都是怎么工作的，有机会的话可以趁他们不忙的时候聊一聊。挑选一个你感兴趣的话题，准备一个报告，跟老师、同学们交流一下收获。

文化拓展

▲ 外卖如何影响了中国人的饮食习惯？

中国有句古话叫做"民以食为天"，意思是说中国人认为饮食是生活中最重要的部分。中国人不仅要求能够吃饱，还非常注重饮食的丰富性和营养性。但随着生活节奏的加快，人们的工作压力越来越大，没有时间和条件自己做饭，过去往往只能吃快餐或者泡方便面，现在外卖平台不仅提供了各种各样营养丰富的食品，而且能够在很短的时间内送到顾客手中，大大节省了人们的时间，也减轻了他们的生活压力。据统计，外卖还解决了中国约1,600万老人的用餐问题以及500万孩子在暑假期间的吃饭问题。

How Has the Food Delivery Industry Changed Chinese Eating Habits?

There is an old Chinese saying that Chinese people regard food as the most important part of life ("Mín yǐ shí wéi tiān"). Chinese people are not content with just filling the stomach, but value variety and nutrition. However, as the pace of life accelerates, people are increasingly under pressure to work and have no time to cook for themselves. In the past, they usually only ate fast food or instant noodles. Now the food delivery platforms not only provide various nutritious meals, but also deliver them quickly. The food delivery service has tremendously saved time and reduced stress for people. Statistics show that the food delivery industry has also provided convenient meals to approximately 5 million school children during summer break and 16 million elderly people who might not otherwise have access to good hot meals.

NǏ WÈI SHÉNME BĒISHANG XIǍO SHŪBĀO

你为什么背上小书包

第 2 课

导　语 ▶▶

　　中国是一个地域广阔的国家，由于社会经济发展不平衡，地域和城乡差别仍然比较普遍。总体来说，中国东部地区的发展好于中西部地区，城市的发展好于农村。为了赚钱养家，大量农村人口来到城市工作，而他们的孩子大部分被留在了农村，这些孩子被称为"农村留守儿童"。据统计，2018年农村留守儿童有697万人，其中96%的儿童由他们的祖父母或外祖父母照顾。这些年龄不到16岁的孩子往往只能在春节见到父母，有的甚至要好几年才能见一次父母。为了改善农村留守儿童的教育状况，中国政府与非政府组织开展了许多支教活动。

　　支教是怎样的体验？我们跟着高佑思去体验一下吧。

China is a country with a vast land area. Due to unbalanced development in urban and rural areas, regional and urban-rural differences are still common. In general, China's eastern region is better developed than the central and western regions, and the urban areas are better developed than rural areas. To support their families, lots of rural parents move to work in bigger cities and leave behind their children in the villages. These children are called the "left-behind children". In 2018 there were 6.97 million left-behind children, 96% of which were in the care of grandparents. These children who are under 16 years old only see their parents once a year during the Chinese New Year, and some even have to wait for several years. To improve education opportunities for left-behind children, the Chinese government and non-governmental organizations have sent many young people from cities to teach in rural schools every year.

　　What is it like to be such a teacher in rural schools? Let's check it out with Gao Yousi!

PART 1
第一部分

☑ 准备内容

1. 观看视频，对照文本和词语，思考问题。
2. 自己准备几个问题（语言和文化都准备几个）。
3. 熟读视频文本，准备课堂表演。

课堂活动

1. 学生提问，其他同学和老师回答。老师对学生进行提问。
2. 口头总结场景大意、各人观点。
3. 带稿、脱稿表演视频场景。

▶ 视频第一段　（开始—2分21秒）

[1]

太阳当空照，花儿对我笑，小鸟说，早早早，你为什么背上小书包？

我去上学校，天天不迟到，爱学习，爱劳动，长大要为人民立功劳。

任金龙（大通县东峡民族完全中学八年级语文老师）：大家都是来自五湖四海、全国各地。之前都有各自的工作，也暂时放下了，然后来到这边，做一个支教的工作，给这边带来一些东西。

[2]

刘姿宜（大通县第三完全中学七年级英语老师）：最大的放弃可能就是跟我们之前的生活环境脱节那么久，回去之后会怎么样，都是个未知数。

赵　念（大通县东峡民族完全中学七年级语文老师）：但是我觉得，放弃不完全是一种放弃吧。就是你可以跳脱出原本的环境，然后去体验不同的东西，你有可能有你想不到的收获。

李祥政（大通县第三完全中学七年级体育老师）：我觉得这个事情还是很有意义的。就希望能[在]接下来[的]几个月*的话，*就多做点儿事情吧。

云月成（大通县东峡民族完全中学八年级英语老师）：来了之后感觉，确实和想象中的有很大不一样，包括遇到的困难或者学生他们的情况，都有很多不一样的地方。

[3]

高佑思： 那这里小孩子的家长对这个教育什么态度？

林泽翔（大通县东峡民族完全中学八年级历史老师）：学校教育跟家庭教育之间的一种失衡，本身就是因为学校怎么也取代不了家庭里面父母对孩子的那种培养、那种作用。

唐　芸（大通县东峡民族完全中学七年级语文老师）：更多的是留守儿童，就是他们只跟爷爷奶奶生活在一起。我原来跟我们班的一个小孩儿聊过。我说，你跟爷爷奶奶在一块儿，你一般做[完]作业呀，或者说周末都干吗？他就说，一般周末爷爷奶奶都不怎么管我的，都是让我自己写完作业，然后就让我去地里挖土豆。

刘姿宜： 他们会有一些农活儿，而且这儿小朋友还挺多的，会有照看弟弟妹妹的情况，然后……

赵　念： 就是父母去地里干活儿，他们中午就在家负责做饭，有的还要送过去给他们吃。

任金龙： 很多同学，他[们]非常地不爱说话，非常地内向，他[们]其实心里有很多活动的，心里有很多事情，他[们]不愿意讲出来。

词 汇

[1]

当空	dāngkōng	[v.]		be high above in the sky
照	zhào	[v.]	[3级]	shine
背	bēi	[v.]	[3级]	carry on the back
劳动	láodòng	[v.]	[5级]	do labor work
长大	zhǎngdà		[2级]	grow up
为	wèi	[prep.]	[2级]	for (为+Party+V)
立	lì	[v.]	[5级]	set up; establish; build
功劳	gōngláo	[n.]	[7-9级]	contribution; meritorious service
大通县东峡民族完全中学	Dàtōng Xiàn Dōngxiá Mínzú Wánquán Zhōngxué	[p.n.]		Ethnic Middle and High School in Dongxia Town, Datong County (in Qinghai Province)
语文	yǔwén	[n.]		Chinese language and literature (for native Chinese students)
五湖四海	wǔhú-sìhǎi			(lit. five-lakes-four-seas) various places nationwide or globally
全国各地	quánguó gèdì			various places nationwide (各地 [3级])
各自	gèzì	[pron.]	[3级]	oneself
之前	zhīqián	[n.]	[4级]	before
暂时	zànshí	[adj.]	[5级]	temporary
支教	zhī jiào			teach in under-resourced school; support educational undertakings

[2]

放弃	fàngqì	[v.]	[5级]	give up
生活	shēnghuó	[n.]	[2级]	life
脱节	tuō jié		[7-9级]	come apart; be disjointed
未知数	wèizhīshù	[n.]	[7-9级]	unknown number; uncertainty
完全	wánquán	[adv.]	[2级]	totally; completely
跳脱	tiàotuō	[v.]		escape from
原本	yuánběn	[adj.]	[7-9级]	original
可能	kěnéng	[n.]	[2级]	possibility
想不到	xiǎng bu dào		[6级]	unable to anticipate (到 [cmp. 补语] completion of verbal action)
收获	shōuhuò	[n.]	[4级]	gain
意义	yìyì	[n.]	[3级]	meaning; significance
接下来	jiē xialai		[2级]	next; then (after that event in the past); now (after this present moment)
确实	quèshí	[adv.]	[3级]	truly
想象	xiǎngxiàng	[v.]	[4级]	imagine
包括	bāokuò	[v.]	[4级]	include
遇到	yùdào		[4级]	come across; run into; encounter; meet
困难	kùnnan	[n.]	[3级]	difficulty

[3]

教育	jiàoyù	[n.]	[2级]	education
态度	tàidù	[n.]	[2级]	attitude
家庭	jiātíng	[n.]	[2级]	family; household
失衡	shīhéng	[v.]		be unbalanced; out-of-balance
本身	běnshēn	[pron.]	[6级]	oneself; per se
取代不了	qǔdài bù liǎo			not be able to replace (了[cmp.补语] indicate possibility)
培养	péiyǎng	[v.]	[4级]	cultivate
作用	zuòyòng	[n.]	[2级]	function; effect
留守儿童	liúshǒu értóng			left-behind children (rural children left behind, usually in the care of relatives, when one or both parents migrate to work in a city) (儿童[4级])
干吗	gànmá	[pron.]	[3级]	(coll.口语词) (ask what someone is doing)
不怎么	bù zěnme		[6级]	not very/particularly
管	guǎn	[v.]	[3级]	manage
地	dì	[n.]	[1级]	farm land
挖	wā	[v.]	[6级]	dig
土豆	tǔdòu	[n.]	[5级]	potato
农活儿	nónghuór	[n.]		farm work
小朋友	xiǎopéngyǒu	[n.]	[1级]	children
照看	zhàokàn	[v.]		look after
干活儿	gàn huór		[2级]	work on a job

内向	nèixiàng	[adj.]	[7-9级]	introverted
活动	huódòng	[n.]	[2级]	activity

问 题

1. 这些年轻人觉得支教有没有意义？是一种放弃还是一种收获？

2. 对这些年轻人来说，支教和想象中的一样吗？哪些地方不一样？

3. 学生的家庭情况怎么样？谁管他们？他们在家里常常做什么？他们的性格又是怎么样的？

视频第二段 （2分21秒—4分47秒）

[4]

2017.10.14　青海省西宁市大通六中

穆　雷：我觉得我们今天的一个最主要的目标就是让小孩儿*就知道：欸，这个世界这么大，不仅仅是我[的]小学、我[的]初中、我[的]高中，*就这么小的一个世界。我可以*就通过我自己的努力*就走出来。这个小孩儿就是因为没有自信，就不敢去做这个梦。

高佑思：我越看他们的课本就越觉得紧张。如果我紧张，我就*是[会表现]不好，你知道吗？

穆　雷：我会在你的旁边*就给你加加油。

高佑思：我们昨天晚上是从北京过来的，因为我们想要来青海用中文跟当地的朋友认识认识，然后也来这里讲一堂课。我还因为……所以有点儿紧张，希望大家好好配合。然后你们也不用紧张,我看你们都是这样。你们放松一下,放松。

[5]

高佑思:我*是来自*于一个2.5万平方公里的一个小国家。你们知道青海多大吗?你们这个青海地区,70万平方公里,我的国家2.5万。以色列这个地方,作为一个现代国家,它是1948年成立的。中华民族、犹太民族*也[都]有比这个,70年差不多,更长的历史。过去的五千年基本上在这个地区待着,争取了很久才能够在二战以后*能够获得这个地方,而且它现在**算是**犹太人的国家,而且有很多比较有名的[犹太人],比如说,你们比较熟悉的……

学　生:爱因斯坦。

高佑思:爱因斯坦,还有呢?

学　生:茨威格。

高佑思:Yes!还有一个你们可能比较熟悉的——马克思。对吧!

高佑思:所以希望你们*享受[喜欢]今天的课*程,然后感谢你们每位,以后我们一定会再见啊。OK!

词 汇

[4]

青海省	Qīnghǎi Shěng	[p.n.]		Qinghai Province
西宁市	Xīníng Shì	[p.n.]		Xining City (capital of Qinghai Province) (市[2级])
大通六中	Dàtōng Liùzhōng	[p.n.]		Datong No. 6 Middle School
目标	mùbiāo	[n.]	[3级]	goal
欸	éi	[intj.]		ah; oh; uh
仅仅	jǐnjǐn	[adv.]	[3级]	only
初中	chūzhōng	[n.]	[3级]	middle school
高中	gāozhōng	[n.]	[2级]	high school
通过	tōngguò	[prep.]	[2级]	by means of
敢	gǎn	[aux.]	[3级]	dare to
梦	mèng	[n.]	[4级]	dream
越……越……	yuè……yuè……			the more... the more...
紧张	jǐnzhāng	[adj.]	[3级]	nervous
表现	biǎoxiàn	[v.]	[3级]	perform
加油	jiā yóu		[2级]	add gasoline; "Go!" "Hang in there!" (encourage someone)
当地	dāngdì	[n.]	[3级]	local
讲课	jiǎng kè		[6级]	teach; lecture
堂	táng	[m.]	[7-9级]	(for classes)

好好	hǎohǎo	[adv.]	[3级]	(coll.口语词) all out; in one's heart's content; earnestly
配合	pèihé	[v.]	[3级]	cooperate
放松	fàngsōng	[v.]	[4级]	relax

[5]

平方公里	píngfāng gōnglǐ			square kilometer
地区	dìqū	[n.]	[3级]	area
现代	xiàndài	[adj.]	[3级]	modern
成立	chénglì	[v.]	[3级]	found
中华民族	Zhōnghuá Mínzú	[p.n.]	[3级]	the Chinese people/nation/ethnic group
犹太民族	Yóutài Mínzú	[p.n.]		Jewish people
差不多	chàbuduō	[adj.]	[2级]	about
过去	guòqù	[n.]	[2级]	before
基本上	jīběnshàng	[adv.]	[3级]	in general; primarily
待	dāi	[v.]	[5级]	stay
争取	zhēngqǔ	[v.]	[3级]	strive for; fight for
二战	Èrzhàn	[p.n.]		World War II
获得	huòdé	[v.]	[4级]	obtain
算（是）	suàn(shì)	[v.]	[2级]	consider as
熟悉	shúxi	[v.]	[5级]	be familiar
爱因斯坦	Àiyīnsītǎn	[p.n.]		Albert Einstein (1879—1955), German-born theoretical physicist

茨威格	Cíwēigé	[p.n.]		Stefan Zweig (1881—1942), Austrian novelist, playwright, journalist, biographer
马克思	Mǎkèsī	[p.n.]		Karl Heinrich Marx (1818—1883), German philosopher, economist, historian, and sociologist
享受	xiǎngshòu	[v.]	[5级]	enjoy
课程	kèchéng	[n.]	[3级]	course

问 题

1. 穆雷和高佑思这次支教的目标是什么？

2. 高佑思是怎么给学生介绍自己的？他又是怎么上课的？

3. 高佑思是怎么结束他的课的？

小调查

在地图App上查一下，高佑思他们支教的学校在哪里。高佑思和穆雷的家乡在世界地图的什么地方，是什么样的国家？

▶ 视频第三段 （4分47秒—8分52秒）

[6]

老　师：你看，这样？

穆　雷：真的太棒啦！没有没有没有，我真的吃得特别少。

男　生：老师，请问哥斯达黎加有多少年历史？

穆　雷：多少年历史？这个问题问得特别好！非常好！我不*够[太]清楚。哥斯达黎加独立是……1821年的时候独立*了[的]。1821，现在是2017，多少年？很多年历史！很多年了！[我就]讲*一些就关于一个很著名的哥斯达黎加人[的故事]，[那个人就是]我。

我*家小的时候啊，我妈妈没有工作，然后我爸爸是开黑车[的]，所以我们小的时候经济条件也不是特别好，只有一台电视。因为我家电视机只有意大利的比赛，我变成了这个俱乐部的……

学　生：国际米兰。

[7]

穆　雷：对啊。我就变成了国米的球迷了，所以我的梦想变成了踢足球。为了这个梦想，我努力了好多年了。到十七岁的时候，我……我发现我很有可能没有*变成[成为]一个足球运动员的这样的一个天赋，然后我就决定放弃我这个梦想。在2013年的时候，我的一个朋友就给我介绍了一份工作——教足球的工作，然后我就非常喜欢了。当年我努力了，[但是]没法儿*变成[成为]一个运动员了。要不我们现在努力，看一下*能变成[能不能成为]一个足球教练？努力努力努力，学习学习学习。我*能[可以]告诉大家，我今年*变成[成为]了国际米兰青训部的足球教练。

因为我当年决定放弃踢足球的这个梦想，*就[所以]*实现[积累]了很多我在中国特别好的经验，我*实现[得到]了很多我以前追[求]一个足球[梦想]的时候没想到的东西。你现在问我幸不幸福，我不会犹豫了，我会说："我很幸福。"

我小的时候梦想实现了吗？没有。梦想不只有一个，梦想有很多，努力去实现它，才是这个生活的意义。钱不等于幸福，幸福等于有梦想，这才是幸福。

[8]

学　生：我的梦想是，将来通过自己的努力考得心仪的大学，并且找到理想的工作。

学　生：我的梦想是，将来考上好的大学，让父母过上好的生活。

学　生：我的梦想是，可以在西班牙皇家马德里的主场，可以看一场马塞洛踢的欧冠。

学　生：希望我以后能考到香港大学，然后去看一下香港的生活，然后去黄家驹的墓地拜访一下。

[9]

穆　雷：下课。

学　生：起立。老师再见。

[10]

在大通县进行长期支教的老师有17位，来自北京、天津、吉林、河北、河南、山东、山西、陕西、江苏、安徽、广东、广西、云南。

他们用自己微薄的力量，努力点亮孩子们的希望，成全孩子们的梦想。

感谢支教团西部愿望教育促进会"希望中国引擎计划"！

词 汇

[6]

棒	bàng	[adj.]	[5级]	(coll.口语词) good
哥斯达黎加	Gēsīdálíjiā	[p.n.]		Costa Rica
独立	dúlì	[v.]	[4级]	gain independence
著名	zhùmíng	[adj.]	[4级]	famous
黑车	hēichē	[n.]		illegal/unregistered taxi
经济条件	jīngjì tiáojiàn			financial condition (经济[3级]; 条件[2级])
台	tái	[m.]	[3级]	(for engines/performances)
意大利	Yìdàlì	[p.n.]		Italy
变成	biànchéng	[v.]	[2级]	change into; be transformed into (成[cmp.补语]into)
俱乐部	jùlèbù	[n.]	[5级]	club
国际米兰	Guójì Mǐlán	[p.n.]		Inter Milan Soccer Club (国米[ab.缩写])
国际	guójì	[adj.]	[2级]	international

[7]

球迷	qiúmí	[n.]	[3级]	ball game fan
梦想	mèngxiǎng	[n.]	[4级]	dream; ambition
运动员	yùndòngyuán	[n.]	[4级]	sportsman/sportswoman

天赋	tiānfù	[n.]	[7-9级]	talent; innnate skill
当年	dāngnián	[n.]	[5级]	a time in the past
没法儿	méifǎr	[v.]	[4级]	have no choice
要不	yàobu	[conj.]	[7-9级]	or else; how about; otherwise
教练	jiàoliàn	[n.]	[3级]	coach
青训部	qīngxùnbù	[n.]		(soccer) youth system
实现	shíxiàn	[v.]	[2级]	realize
积累	jīlěi	[v.]	[4级]	accumulate
经验	jīngyàn	[n.]	[3级]	capability or skill gained from practice
追求	zhuīqiú	[v.]	[4级]	pursue
幸福	xìngfú	[adj.]	[3级]	happy (on a profound and almost perfect level)
犹豫	yóuyù	[adj.]	[5级]	hesitant
等于	děngyú	[v.]	[2级]	be equal to; equal

──── [8] ────

将来	jiānglái	[n.]	[3级]	in the future
心仪	xīnyí	[v.]		admire in the heart
并且	bìngqiě	[conj.]	[3级]	furthermore
理想	lǐxiǎng	[adj.]	[2级]	ideal
考上	kǎoshang			pass an entrance examination (上 [cmp.补语] indicating realization of the verb)
西班牙	Xībānyá	[p.n.]		Spain

皇家马德里	Huángjiā Mǎdélǐ	[p.n.]		Real Madrid Football Club (皇马[ab.缩写])
主场	zhǔchǎng	[n.]		home ground
场	chǎng	[m.]	[2级]	(for sports/recreational activities and social events)
马塞洛	Mǎsàiluò	[p.n.]		Marcelo Vieira, a Brazilian footballer
欧冠	Ōuguàn	[p.n.]		欧洲冠军联赛 Ōuzhōu Guànjūn Liánsài (Union of European Football Association [UEFA] Champions League)
黄家驹	Huáng Jiājū	[p.n.]		Wong Ka Kui (1962—1993), a Hong Kong musician
墓地	mùdì	[n.]	[7-9级]	cemetery
拜访	bàifǎng	[v.]	[5级]	pay a visit (to a respected person)

─── [9] ───

起立	qǐlì	[v.]		stand up (word of command)

─── [10] ───

进行	jìnxíng	[v.]	[2级]	conduct
长期	chángqī	[adj.]	[3级]	long-term
微薄	wēibó	[adj.]		meager
力量	lìliàng	[n.]	[3级]	strength
点亮	diǎnliàng	[v.]		to illuminate
成全	chéngquán	[v.]		help someone accomplish one's aim
计划	jìhuà	[n.]	[2级]	plan

问题

1. 穆雷小的时候家里的情况怎么样?经济条件呢?

2. 穆雷有什么梦想?他的梦想实现了吗?

3. 大通六中的学生在课上说了哪些梦想?

PART 2
第二部分

准备内容
学习语言点，熟读例句。

课堂活动
讨论语言点，脱稿表演情境例句。

语言点

1 ……都/还是个未知数　……dōu/hái shì ge wèizhīshù

未知数原指数学中需要计算才能确定的数字，这里用来表达某种情况不可知或未来某件事情的情况还不确定。**未知数**之前可以是表示肯定意义的短语，更多的是用**V不V**形式或用疑问代词（如：**怎么样、什么时候**）表示疑问的小句。

Originally referred to as "the Unknown" in math, **wèizhīshù** here refers to things that are not yet known. The clause before **wèizhīshù** needs to be an affirmative-negative question (i.e. **V-not-V** question) or a question-word question (e.g. **zěnmeyàng**, **shénme shíhou**).

[2] 刘姿宜：最大的放弃可能就是跟我们之前的生活环境脱节那么久，回去之后会怎么样，都是个未知数。

（1）朋友A：你成为足球教练以后有什么计划？

　　朋友B：现在能不能成为足球教练还是个未知数呢。

（2）朋友A：听说你找到新工作了，恭喜！

　　朋友B：谢谢！不过工作以后会怎么样还是个未知数，真有点儿紧张啊。

（3）同事A：那时为什么放弃成为足球运动员呢？

同事B：因为那时我有没有足球运动员的天赋还是个未知数。

2 怎么也/都…… zěnme yě/dōu……

用来强调在任何情况下都没有出现某种情况。**怎么也/都**后的VP大多是表示否定意义的短语（如：**做不出、睡不着、没想到**）。**怎么也**比**怎么都**语气重一些。

S＋怎么也/都＋VP

This pattern emphasizes that a result cannot be achieved no matter what the subject does. The verb phrase that follows **zěnme yě/dōu** is usually a negative resultative compound (e.g., **zuò bu chū**, **shuì bu zháo**, **méi xiǎngdào**). **Zěnme yě** emphasizes more negation than **zěnme dōu**.

S＋zěnme yě/dōu＋VP

[3] 林泽翔：学校教育跟家庭教育之间的一种失衡，本身就是因为学校怎么也取代不了家庭里面父母对孩子的那种培养、那种作用。

（1）同学A：你昨天的考试怎么样？

同学B：最后那个问题太难了，我怎么也做不出来。

（2）同事A：你怎么了？看起来非常累。

同事B：不知道为什么，昨天晚上我怎么都睡不着。

（3）室友A：你在找什么呢？

室友B：我的手机怎么也找不到了。

（4）朋友A：我怎么也没想到你会去支教。

朋友B：其实我一直很想去农村。

3 ……不了 ……bu liǎo

用来否定陈述，表示不可能怎么样或者没有能力做某事。**不了**是表示否定的可能补语。如果V能带宾语，**不了**就可以带宾语。

S+V+不了 (+O)

不了跟**不能**略有不同：**不能**有时表示禁止（如"**这儿不能拍照**"），有时表示不但客观条件不允许，而且说话人主观也认为如此（如"**我要加班，而且正在减肥，不能跟你吃饭了**"）。

This pattern is used to express that someone is unable to do something due to some external factor out of one's control. -bu liǎo is a negative potential complement meaning "be unable to…". If the verb has an object, the pattern can be followed by the object.

S+V+bu liǎo (+O)

-bu liǎo is subtly different from bù néng. Bù néng can express 1) "forbidden" (e.g. Zhèr bùnéng pāi zhào) and 2) both the external factor and the speaker do not allow (e.g. Wǒ yào jiā bān, érqiě zhèngzài jiǎn féi, bù néng gēn nǐ chī fàn le).

[3] 林泽翔：学校教育跟家庭教育之间的一种失衡，本身就是因为学校怎么也取代不了家庭里面父母对孩子的那种培养、那种作用。

（1）朋友A：怎么办？我怎么也忘不了他。

　　朋友B：慢慢来，时间会帮你忘了他的。

（2）朋友A：你怎么想到来找我呢？

　　朋友B：这件事儿只有你能帮我，别人帮不了我。

（3）朋友A：今晚有欧冠比赛，要不要去看？

　　朋友B：今晚还要干活儿，所以去不了。

（4）同学A：明天晚上七点打球，你别忘了。

　　同学B：我看了天气预报，明天下大雨，我们打不了球了。

（5）顾客：好了，麻烦你们快点儿上菜。

　　服务员：您点得有点儿多，可能吃不了。

（6）同事A：留守儿童的情况能改变吗？

　　同事B：我认为这几年还改变不了。

4 不怎么 bù zěnme

不怎么后跟行为动词时，表达某种情况不经常发生，或者发生的次数非常少；后跟心理动词或形容词时，表达程度比较轻的否定，语气比**不**委婉，类似于**不太**。

S+**不怎么**+VP/Adj.

When **bù zěnme** is used with a verb, it means that the action is done "not often". When **bù zěnme** is used before a psychological verb or adjective, it means that the degree of the psychological verb or adjective is not very high (more indirect than **bù** and similar to **bú tài**).

S+**bù zěnme**+VP/Adj.

[3] 唐芸：你一般做[完]作业呀，或者说周末都干吗？他就说，一般周末爷爷奶奶都不怎么管我的……

（1）同学A：你看欧冠吗？

同学B：不怎么看。

（2）朋友A：你喜欢国米还是皇马？

朋友B：都不怎么喜欢。

（3）室友A：你现在还想成为足球运动员吗？

室友B：现在不怎么想了。

（4）同学A：支教工作做得怎么样了？

同学B：不怎么好，和想象中很不一样。

（5）朋友A：昨晚的欧冠怎么样？

朋友B：不怎么好看。

5 算是 suànshì

算是是动词，表示认作、当作。**算是**后接形容词时有"相对来说比较……"的意思，句末要加**的**。

> I. S＋算是＋NP

> II. S＋算是＋AP＋的

Suànshì is a verb that indicates some kind of judgement and may be thought of as "count as" or "is considered to be". When used with an adjectival phrase, it adds a sense of "comparatively speaking" and **de** should be added at the end of the sentence.

> I. S＋suànshì＋NP

> II. S＋suànshì＋AP＋de

[5] 高佑思：……它（以色列）现在算是犹太人的国家，而且有很多比较有名的[犹太人]。

I.（1）同学A：我去农村支教了一天，也算是支教老师了。

同学B：只教了一天，不算是真正的支教老师。

（2）室友A：小李对你这么好……他是你男朋友吧？

室友B：现在还不算是男朋友。

（3）同事A：您来青海工作多久了？

同事B：我来这儿已经二十多年了，这儿算是我的第二故乡了。

II.（4）妈妈：我那时候二十五岁才结婚，太晚了。

女儿：现在三十岁结婚算是早的。

（5）孩子：和商场比，这家网店的东西算是便宜的。

妈妈：是挺便宜的，就是不知道质量怎么样。

（6）老师：你觉得汉语难吗？

学生：我觉得汉语发音不太难，词汇和语法也还好，汉字算是最难的了。

6 比较：变成—成为　biànchéng—chéngwéi

变成强调质的变化，即从一个状态转变为另一个状态。既可以用于自然变化，也可以用于人通过外力使某事物或情况发生变化。**变成**可与**从**或**把**搭配使用。

成为常用于表达通过努力以后，人或事物的角色、地位等发生了变化，多是正面变化，但不用于自然事物（如：小树变成大树）。**成为**比较正式。

I.（从/把+A+）**变成**+B

II.（A+）**成为**+B

Biànchéng ("change into; be transformed into") indicates a qualitative change (i.e., change from one quality to another). It can be a natural development or a change by human through external force. **Biànchéng** can be used with **cóng** or **bǎ**.

Chéngwéi ("become") indicates a change of social status in an upward or desired way (e.g., dreamed profession). It is not used for natural development. **Chéngwéi** is a relatively formal usage.

I. (cóng/bǎ+A+) biànchéng+B

II.（A+）chéngwéi+B

[7] 穆雷：当年我努力了，[但是]没法儿*变成[成为]一个运动员。

I.（1）朋友A：这里真漂亮！

　　朋友B：只用了两年，这里就从一个工厂变成了一个艺术区。

（2）记者：支教老师给你最大的改变是什么？

　　学生：支教老师把我们上学的梦想变成了现实。

（3）室友A：今天天气预报怎么说？

　　室友B：今天上午是晴天，下午可能会变成阴天。

II.（4）这家中国公司在去年成为世界五百强之一。

（5）老师：你以后想当什么？

　　学生：我想成为一名科学家。

7 要不 yàobù

要不是连词，后跟建议，用来委婉表达说话人的建议，以获得听者的同意。原因/情况可在**要不**小句之前，也可在**要不**小句之后。**要不**还有**要不然**的意思，用在建议之后，后跟不按建议做的后果。

I. [原因/情况]，**要不**+[建议]

II. **要不**+[建议]，[原因/情况]

III. [建议]，**要不**+[后果]

The conjunction **yàobù** ("or else; how about") is used to indirectly give a suggestion and seek for consent from the listener. **Yàobù** can come either at the beginning of the sentence or in the middle, after explaining the reason/situation. **Yàobù** can also mean "otherwise" or "if that's not the case" just as **yàoburán**. In this case, **yàobù** only comes after giving the suggestion.

I. [Reason/Situation], **yàobù**+[Suggestion]

II. **Yàobù**+[Suggestion], [Reason/Situation]

III. [Suggestion], **yàobù**+[Consequence]

[7] 穆雷：要不我们现在努力，看一下*能变成[能不能变成]一个足球教练？

I.（1）朋友A：这个周末已经有安排了，要不我下个星期来吧？

朋友B：真不巧，下个星期我也有事儿，要不下下个星期吧？

II.（2）同事A：要不你先走吧，我还有点儿工作。

同事B：行，那明天见！

III.（3）同学A：我们得走快点儿，要不就迟到了。

同学B：我已经走得很快了。

（4）服务生：点这几个菜够了，要不吃不了。

客　人：那就先点这些吧。

8 V+上   V+shàng

V+上可表示达到了预期目的或希望实现的目的,这个目标一般是不太容易实现的(如:**考上大学**)。也可表示动作或事情开始并继续下去,强调开始(如:**喜欢上**)。还可表示两个事物"接触、附着"(如:**写上名字**)。

S+V+上(+NP)

V+shàng can indicate the realization of a goal, which is not easy to achieve (e.g., **kǎo shang dàxué**), or emphasize that an action starts and continues (e.g., **xǐhuan shang**), or one item touches or attaches to another (e.g., **xiěshang míngzi**).

S+V+shàng(+NP)

[8] 学生:我的梦想是,将来考上好的大学,让父母过上好的生活。

(1) 同学A:考上北京大学难不难?

   同学B:北京地区的学生稍微容易一点儿。

(2) 朋友A:你是怎么喜欢上中文的?

   朋友B:我的第一位中文老师教得特别好,所以我就喜欢上中文了。

(3) 前台:麻烦您写上名字。

   客人:写在哪儿?

(4) 朋友A:这件衣服很好看,快穿上试试。

   朋友B:这件大小不合适,找件大号的。

(5) 室友A:今天外面冷不冷?

   室友B:今天零下了,把帽子、手套都戴上吧。

练习

一、填空

| 意义 | 确实 | 目标 | 表现 | 配合 |
| 享受 | 够 | 梦想 | 犹豫 | 不止 |

1. 同学A：考试都已经结束了，小刘怎么还在学习？
   同学B：我也不知道，我觉得现在努力已经没有什么_____了。

2. 同事A：你看昨晚的足球比赛了吗？
   同事B：当然看了，法国队赢了，球员之间_____得好极了！

3. 朋友A：玛丽明天就要去美国了，可是我一直不敢告诉她我喜欢她。
   朋友B：你别再_____了！快点告诉她吧，这可能是你最后的机会了。

4. 朋友A：新的一年快到了，你有新的_____吗？
   朋友B：有啊，我明年一定要学会游泳。

5. 同事A：怎么样，我做的这个蛋糕好吃吧？
   同事B：嗯，_____很好吃，你可以告诉我你是怎么做的吗？

6. 学生A：昨天的考试我才考了90分，我觉得我可以考得更高。
   学生B：你的分数已经_____高了，好多同学才考了80分。

7. 老师：你今天在节目里_____得非常好！看起来一点儿都不紧张。
   学生：谢谢，还是要感谢老师在我练习时给我的帮助。

8. 朋友A：你的_____是什么？
   朋友B：我希望自己长大以后能成为一名伟大的科学家。

9. 学生A：你周末喜欢一个人在家，还是和朋友出去玩儿？
   学生B：我喜欢和朋友出去玩儿。因为我很_____和朋友在一起时的快乐。

10. 学生A：学校附近只有一家超市吗？
    学生B：应该_____一家吧。学校南门往东走，就有两家。

二、配对

1. 你找到你的手机了吗？
2. 玛丽快来中国了吧？我们先帮她订好酒店吧。
3. 你是不是很久都没玩儿电脑游戏了？
4. 老师，我的这篇作文写得怎么样？
5. 你长大以后想做什么？
6. 老板，这件衣服还有大一号的吗？
7. 听说你在中国上过大学，真的吗？
8. 你不是有好几条裙子了吗？怎么还要买新的呢？
9. 你为什么希望自己快点儿长大？
10. 在中国旅行要注意什么？

A. 我想成为一名歌星。
B. 没有，我找了一天，怎么也找不到。
C. 不好意思，我上个月才到中国，也没有什么经验。
D. 别急，她来不来中国还是个未知数。
E. 是啊。工作以后太忙了，就不怎么玩儿了。
F. 是的，那是一段特别难忘的经历。
G. 很不错，可以算是我们班写得最好的了！
H. 我从小孩儿变成了大人，就可以不用做作业了。
I. 不好意思，没有了，要不你看看别的吧。
J. 我胖了，以前买的都穿不了了。

三、完成对话

1. 妻子：我们哪天回国呢？我已经准备好行李了。
   丈夫：最近回国的机票太难买了，＿＿＿＿＿＿＿＿＿＿＿＿＿＿＿。（未知数）

2. 朋友A：我包的饺子怎么样？
   朋友B：虽然样子不怎么好看，但你是第一次包饺子，＿＿＿＿＿＿＿＿＿＿＿＿＿＿＿。（算是……）

3. 朋友A：你学会游泳了吗？
   朋友B：没有，我学了好几次，＿＿＿＿＿＿＿＿＿＿＿＿＿＿＿。（怎么也……）

4. 朋友A：你这个周末有空儿吗？我们去看电影吧。
   朋友B：我这个周末有事儿，＿＿＿＿＿＿＿＿＿＿＿＿＿＿＿。（要不……）

5. 朋友A：明天我们一起去打网球，别忘了。
   朋友B：不好意思，我生病了，＿＿＿＿＿＿＿＿＿＿＿＿＿＿＿。（……不了）

6. 朋友A：你是第一次来这儿吗？

　朋友B：不是，我小时候来过，这儿原来是空地，_____。（变成）

7. 朋友A：小王已经去那家公司五年了，现在怎么样了？

　朋友B：他工作非常努力，听说现在已经_____。（V+上）

8. 同事A：现在的小孩子一年都看不了几本书。

　同事B：没错！现在的小孩子_____，他们更喜欢玩儿手机。

　　　　　　　　　　　　　　　　　　　　　　（不怎么……）

9. 学生A：你毕业后想当医生吗？

　学生B：不想，_____。（成为）

10. 经理：小李，请介绍一下你的工作经历。

　　李明：我有过在三家公司工作的经历，_____。（经验）

PART 3
第三部分

准备内容
熟读视频文本，准备情境重现及口头叙述，尽量脱稿表演。

课堂活动
老师引导学生轮流进行情境重现及口头叙述，老师及时给予反馈。

情境重现

老师与学生（或学生与学生）根据提示，合理表演视频里的情境。

1. 跟支教老师一起交流学生的家庭情况，讨论支教的意义。
2. 给当地学生介绍自己来的原因，并介绍自己的国家。
3. 介绍小时候自己家里的情况，自己是怎么实现梦想的。

口头叙述

学生用自己的话，从不同的角度来复述视频里的故事。

1. 从一位支教老师的角度，聊聊和高佑思一起吃饭的经历。
2. 从高佑思的角度，谈谈给学生讲课的经历。
3. 从一位学生的角度，说说外国老师实现梦想的经历和自己的梦想。

PART 4 第四部分

准备内容

重看视频,根据视频话题准备问题,学习主持讨论的表达,准备课堂讨论。

课堂活动

学生轮流担任主持人,带领全班同学一起讨论。

跨文化交谈

如果课后邀请视频中的人物进行访谈,主持人可以问哪些问题,这些人物会怎么回答?请老师、同学们组织一次访谈,聊聊视频中的体验和想法。也请观众回答一些问题。以下的访谈提纲供师生选择使用。鼓励学生自己准备访谈问题,并邀请视频中其他人物加入访谈。

高佑思:

1. 你们为什么要去青海的学校讲课?有没有什么讲课的目标?
2. 当地的支教老师都来自哪里?他们对支教是什么态度?
3. 当地孩子的家长对教育是什么态度?
4. 你为什么选择给学生们讲以色列这个国家?学生对犹太人了解吗?
5. 你觉得这次到青海最有意义的体验是什么?

穆雷：
1. 你为什么选择给学生讲你实现梦想的经历？
2. 你可以再介绍一下你是怎么实现梦想的吗？
3. 哥斯达黎加是一个什么样的国家？
4. 你觉得幸福是什么？
5. 当地学生们都有哪些梦想？这些梦想跟你想象的一样吗？

观众：
1. 你支过教吗？给学生讲过课吗？有没有什么有意思的经历？
2. 你们国家有没有支教这样的工作？支教的老师是什么样的人？
3. 在你们国家有没有留守儿童？他们的学习、生活是什么样的？
4. 你有梦想吗？你的梦想实现了吗？
5. 你觉得什么是生活的意义？什么是幸福？

PART 5
第五部分

准备内容
根据课外实践要求，出门做任务，写下笔记，准备口头报告。

课堂活动
学生轮流进行口头报告，欢迎同学和老师提问，老师给予反馈。

课外实践

你给学生讲过课吗？可以谈谈自己的经历。打听一下你周围有哪些学校？公办的还是私立的？有没有农民工子弟学校？这些学校和学生的情况是什么样的？你身边有没有支过教的老师或者朋友？也可以听听他们的支教经历。有没有孩子的家长？他们对教育是什么态度？挑选一个你感兴趣的话题，准备一个报告，跟老师、同学们交流一下收获。

文化拓展

▲ 为什么留守儿童越来越少了？

据民政部统计，2018年中国农村留守儿童有697万人，相比2016年的902万人减少了22.7%。留守儿童总体数量减少的原因主要有以下四个方面。

首先，父母的观念发生了转变。越来越多的父母愿意带着孩子一起到城市生活。地方政府也采取措施来保障这些孩子在当地能接受良好教育。

其次，中国计划在2020年年底全面消除贫困人口，为了实现这一目标，政府通过提升农民工职业技能等办法全力支持外出打工的农民返回家乡创业或者工作，因而许多农民从城市回到了农村。

再次，司法机关通过法律手段处罚了一些没有履行监护责任的父母，提高了父母的责任意识，使他们主动返回农村照顾孩子。

最后，中国的城市化发展非常迅速，许多城市调整了户籍政策，降低了落户门槛，有不少农村父母全家在城市落户，变成了城市居民。

Why are there Fewer Left-Behind Children than Before?

According to the statistics of China's Ministry of Civil Affairs, in 2018 there were 6.97 million left-behind children in rural China, a decrease of 22.7% from 9.02 million in 2016. Four reasons contribute to the decrease of the number of left-behind children.

First, parents have changed their mindset. An increasing number of parents are willing to keep their children with them in the cities where they work. Meanwhile, city governments have adopted measures to enable these children to receive quality education.

Second, the Chinese government developed and enacted a plan to eliminate absolute poverty by the end of 2020. To achieve this goal, the government fully supported migrant workers to return home to launch startups or find a job such as training their professional skills. Many migrant workers therefore returned to the countryside from cities.

Third, the judicial authority held parents who deliberately neglect their familial responsibilities accountable for familial neglect. This renewed enforcement of parenting laws has strengthened the parents' custodial awareness, though for many it was not necessary. With financial support to seek new job opportunities, many migrant workers jumped at the chance to finally return home to take care of their children.

Finally, with the rapid development of China's urbanization, many cities have adjusted their household registration policies and lowered the threshold to obtain a new "hùkǒu" (local household registration status). Therefore, many rural parents have settled in cities with their children and became urban residents, thus significantly reducing the number of "left-behind children" and keeping more families intact.

完整视频

QĪN, MǍI YÌ TIÁO WǑMEN DE QIŪKÙ BA

亲，买一条我们的秋裤吧

第 3 课

导 语

　　2009年，为了让更多消费者了解"淘宝"，阿里巴巴集团在"光棍节"11月11日这天举办了一场网购促销活动。虽然当时的交易额只有5,000万元人民币，但这让整个电子商务行业看到了中国潜在的巨大消费市场。2019年"双十一"期间（11月1日至11日），中国网络零售总额超过8,700亿元人民币，比前一年同期增长26.7%。仅淘宝一家电商平台在"双十一"当天的交易总额就达到了2,684亿元人民币，同比增长25.7%，是美国的"黑色星期五"和"网络星期一"交易总额相加后的2.5倍。如今"双十一"已不再只是消费节，它越来越像一个狂欢节，不仅举办晚会、邀请明星，还有总裁直播带货。

　　在淘宝开网店是怎样的体验？我们跟着高佑思去体验一下吧。

　　To make its online shopping platform, Taobao, known by more young customers, Alibaba held an online shopping event on November 11 ("Double Eleven"), 2009. Although the value of the merchandise on sale during this event was only 50 million yuan, it helped the whole e-commerce industry see its huge potential market. During the Double Eleven of 2019 (from November 1 to November 11, a longer shopping period), China's total online retail sales exceeded 870 billion yuan, an increase of 26.7% over the same period of the previous year. The gross merchandise value of Taobao, just one of the e-commerce platforms, reached 268.4 billion yuan on November 11, which is an increase of 25.7% over that of the day the previous year and 2.5 times of the gross merchandise value of Black Friday and Cyber Monday combined. Now Double Eleven has transformed itself from a shopping festival to a global shopping carnival. At the gala taking place on the evening of November 10, not only celebrities are invited to join for their dedicated livestreaming sessions, the CEOs of many international brands also join the livestream.

　　What is it like to start up a Taobao online store? Let's check it out with Gao Yousi!

PART 1 第一部分

准备内容

1. 观看视频，对照课文和词语，思考问题。
2. 自己准备几个问题（语言和文化都准备几个）。

课堂活动

1. 学生提问，其他同学和老师回答。
2. 老师对学生进行提问。

视频第一段 （开始 - 3分35秒）

[1]

互联网金融风起云涌，电商创业再掀热潮，高达万亿的巨大市场，成就无数致富梦想，于是高佑思也准备插上一脚……

高佑思：是这样，今天有一个事情要跟你们说。"双十一"要来了，我个人很想要组建一个团队，利用这个"双十一"的*那个风头[风口]，然后去开一个网店。问题[是]我不能一个人做，[所以我]找到了一些我觉得最能依赖的朋友。

星　悦　美国	特点：	美　负责产品宣传
阿　蒂　马来西亚	特点：	中国套路深　负责网店运营维护
钟逸伦　美国	特点：	牛津学霸　负责网店财务
泰　乐　加拿大	特点：	给人带来快乐　参与网店所有流程

[2]

阿　蒂：我个人觉得你现在是把*东西[这事儿]想得很美好，我连你要卖什么都不知道，你让我投资？

钟逸伦、星悦：对啊，我们不知道你要卖什么东西。

高佑思：这个网店它卖的是秋裤。

大　家：啊？秋裤？

钟逸伦：不是*来[开]玩笑吧？

高佑思的网店赚钱法则：1. 注册一个网店；
　　　　　　　　　　2. 进一大批秋裤；
　　　　　　　　　　3. 靠个人知名度拍摄产品照；
　　　　　　　　　　4. 不知名的做客服营销；
　　　　　　　　　　5. 坐着数钱。

高佑思：我看了那些网店是怎么赚钱的。我们随便注册一个网店，然后进上五百条秋裤，我们穿着秋裤拍几张照片，在"双十一"那一天客服营销，然后……然后我们就赚钱[了]。爽！

阿　蒂：我还有一个问题。因为说真的，你找我们之前，你没有提过关于钱的这个问题。

高佑思：这次我觉得每一个人，如果我们做[得]好，每一个人可以赚至少五千块钱。

大　家：团结就是力量！团结就是力量！

[3]

STEP 1　市场调查

泰　乐：我们到了批发市场，调查一下他们怎么卖这个秋裤。

高佑思：现在的目标是什么样的价格，成本怎么样。找那个女装。就这个！欸，你们有秋裤吗？啊，没有。这个是用什么*资料[面料]做的？这个感觉挺高质量的。

店　主：3M的，里面加一层鹅毛。

高佑思：说什么？没听……没听懂！

高佑思：啊，这也算秋裤吗？

泰　乐：吃了非常*大[饱]的一顿饭以后……

高佑思：很舒服。哦，你看！

店　主：它这个是没有型号[的]，胖、瘦，人都可以穿。

高佑思：你们大概的……成本大概多少？

店　主：我们反正一条就加个三块五块。

高佑思：三十五块？

店　主：三块五块。

高佑思：这是秋裤吗？

店　主：对，打底裤。

高佑思：打底裤和秋裤有什么区别？

店　主：没有空儿跟你解释这个问题。

高佑思：不爱我了！好吧。

泰　乐：下一个！下一个！

[4]

高佑思：就是刚才那个，就是有点儿……*做一个装客户[我们装作客户]，就是像先看一看啊，然后问价格多少啊，就假装你想买。那我们自然一点儿吧。

泰　乐：好，自然一点儿。

高佑思：我想给我女生朋友买一个礼物。

店　主：这个是驰名牌子。No. 1！

高佑思：我们讨论一下啊。我觉得我们那个……我们还得买这种类型的，五十块那种。欸，我们买两条。

店　主：一百。这是我特价五十的。

高佑思:"双十一",你说。

店　主:就是"双十一"[才]五十的,本身这是六十的。

高佑思:如果不是九十,我就不买了。

店　主:行行行,九十五行吗?找两条,找两条吧。

高佑思:那个……我们是不是要给团队拍几张照片?

泰　乐:Wow! It's so comfortable, man.

高佑思:没事儿!一会儿你发到群里吧。

泰　乐:我觉得这个挺好的!男式肯定这个不错!

[5]

10月27日　距11.11还有15天

阿　蒂:不是,你照片没发给我,这里没有。

STEP 2　注册网店

阿　蒂:产品的照片我们拿到了吗?把手机号给我,护照号给我,账号、账号密码给我。

高佑思:这个有点儿复杂。泰乐,你和阿蒂先负责把我们的网店注册好!我先去忙一些别的。加油,加油!

阿　蒂:你先去查清楚你那边的产品。

泰　乐:Yeah, what's up? OK. 什么样的事情? Wait. 稍等一下,稍等一下,说说说。所以你和星悦在美国会干什么?

高佑思：我们就是去扩展我们的海外业务吧，就是"歪研会"的事情。

泰　乐：但是为什么没有人*提醒我了[告诉我]？

高佑思：没有，我……我是……我原来觉得我……我都跟你说了，所以不好意思啊。你当我们这个店的那个负责人吧。

泰　乐：有一点儿紧张。你*有打算待在美国多久？

高佑思：嗯，我们肯定会"双十一"之前回来嘛！你们可以经常……有需要找我就直接给我打电话。

泰　乐：好吧。

词　汇

| 亲 | qīn | [n.] | [3级] | 亲爱的顾客 qīn'ài de gùkè dear customer (Taobao customer service's address to a customer) |
| 秋裤 | qiūkù | [n.] | | long underwear pants |

=== [1] ===

互联网	hùliánwǎng	[n.]	[3级]	Internet
金融	jīnróng	[n.]	[6级]	finance
风起云涌	fēngqǐ-yúnyǒng			(lit. wind-rise-cloud-gather) rolling on with full force
电商	diànshāng	[n.]		e-commerce
创业	chuàngyè	[v.]	[3级]	establish business

掀	xiān	[v.]	[7-9级]	cause to surge
热潮	rècháo	[n.]	[7-9级]	great mass fever
高达	gāo dá			reach up to
万亿	wànyì	[num.]		trillion
巨大	jùdà	[adj.]	[4级]	huge
市场	shìchǎng	[n.]	[3级]	market
成就	chéngjiù	[v.]	[3级]	achieve; accomplish
无数	wúshù	[adj.]	[4级]	countless
致富	zhìfù	[v.]	[7-9级]	become rich
于是	yúshì	[conj.]	[4级]	as a result; consequently
插上	chāshang			stick in (插 [5级])
脚	jiǎo	[m.]	[2级]	(for kicks)
双十一	Shuāngshíyī	[p.n.]		"Double eleven" (an annual Chinese unofficial holiday and shopping season on November 11)
个人	gèrén	[n.]	[3级]	I; me; individual
组建	zǔjiàn	[v.]	[7-9级]	organize; establish
团队	tuánduì	[n.]	[6级]	team
利用	lìyòng	[v.]	[3级]	take advantage of
风口	fēngkǒu	[n.]		drafty place
依赖	yīlài	[v.]	[6级]	rely on
特点	tèdiǎn	[n.]	[2级]	characteristic; trait
产品	chǎnpǐn	[n.]	[4级]	product

宣传	xuānchuán	[v.]	[3级]	publicize
套路	tàolù	[n.]		a set of strategy of doing something
运营	yùnyíng	[v.]	[7-9级]	operate
维护	wéihù	[v.]	[4级]	safeguard; defend
学霸	xuébà	[n.]		straight A student
财务	cáiwù	[n.]	[7-9级]	financial affairs
参与	cānyù	[v.]	[4级]	participate in
流程	liúchéng	[n.]	[7-9级]	process; workflow

===== [2] =====

美好	měihǎo	[adj.]	[3级]	glorious
连……都……	lián……dōu……			even
投资	tóu zī		[4级]	invest
开玩笑	kāi wánxiào		[1级]	joke; say or do something to bring laughter
赚钱	zhuàn qián		[6级]	make money
法则	fǎzé	[n.]		rule
注册	zhù cè		[5级]	register
进	jìn	[v.]		buy a supply of (particular product)
批	pī	[m.]	[4级]	(for shipments of goods)
靠	kào	[v.]	[2级]	depend on
知名度	zhīmíngdù	[n.]	[7-9级]	popularity; celebrity rating (知名 famous [6级]; 度 degree of intensity)

客服	kèfú	[n.]		customer service
营销	yíngxiāo	[v.]		marketing
随便	suíbiàn	[v.]	[2级]	as one pleases
爽	shuǎng	[adj.]	[6级]	feel refreshing and enjoyable
说真的	shuō zhēnde		[7-9级]	(coll.口语词) no kidding; seriously
提	tí	[v.]	[2级]	mention
至少	zhìshǎo	[adv.]	[3级]	at least
团结就是力量	tuánjié jiù shì lìliang			Unity is strength. (团结[3级]; 力量[3级])

[3]

调查	diàochá	[v.]	[3级]	survey; investigate
批发	pīfā	[v.]	[7-9级]	wholesale
价格	jiàgé	[n.]	[3级]	price
成本	chéngběn	[n.]	[5级]	(net) cost
女装	nǚzhuāng	[n.]		women's wear
欸	ēi	[intj.]		be used for greeting
资料	zīliào	[n.]	[4级]	data; information
面料	miànliào	[n.]		material to make clothing
质量	zhìliàng	[n.]	[4级]	quality
店主	diànzhǔ	[n.]		store owner
鹅毛	émáo	[n.]		goose feathers

顿	dùn	[m.]	[3级]	(for meals, occurrences, etc.)
型号	xínghào	[n.]	[4级]	model; type
反正	fǎnzhèng	[adv.]	[3级]	anyway; no matter what
加	jiā	[v.]	[2级]	add
打底裤	dǎdǐkù	[n.]		leggings
区别	qūbié	[n.]	[3级]	difference
解释	jiěshì	[v.]	[4级]	explain

[4]

假装	jiǎzhuāng	[v.]	[7-9级]	pretend as if
客户	kèhù	[n.]	[5级]	client
自然	zìrán	[adj.]	[3级]	natural
驰名	chímíng	[v.]	[7-9级]	be well-known
牌子	páizi	[n.]	[3级]	brand
讨论	tǎolùn	[v.]	[2级]	discuss
类型	lèixíng	[n.]	[4级]	type; category
特价	tèjià	[n.]	[4级]	special offer; bargain price
那个	nàge			(coll.口语词) a filler word (similar to "umm" or "uhhh") which can be inserted into sentences wherever you need to pause for thought, 也读nèige
群	qún	[n.]	[3级]	social media group
肯定	kěndìng	[adv.]	[5级]	definitely

[5]

距	jù	[v.]	[7-9级]	be away from
账号	zhànghào	[n.]	[7-9级]	account number
密码	mìmǎ	[n.]	[4级]	password
复杂	fùzá	[adj.]	[3级]	complicated
扩展	kuòzhǎn	[v.]	[4级]	expand
海外	hǎiwài	[n.]	[6级]	overseas
业务	yèwù	[n.]	[5级]	business
提醒	tí xǐng		[4级]	remind
当	dāng	[v.]	[2级]	undertake; work as
嘛	ma	[part.]		(emphasize the obvious)

问题

1. 高佑思要组建团队做什么？他找到了哪些朋友帮他？

2. 组建团队的时候，他们的想法一样吗？

3. 市场调查的时候遇到了哪些问题？高佑思和泰乐想了什么办法？

▶ 视频第二段 （3分35秒—8分15秒）

[6]

阿　蒂：我们不是要开那个店吗？然后我就联系了一个**大咖**，一个**老司机**。

STEP 3　考察学习

阿　蒂：Hello! 你好！嗨！

电商大咖：我先带大家参观一下。我们是一家专业的电商运营平台，我们可能是中国最早的一批做专业电商运营的公司。这边的是我们的几个一线的运营人员，他们负责不同方面。

运营人员：每个商家他的想法不一样，有些商家希望通过"双十一"**将**他的新品打造出来；有些商家希望通过"双十一"将他的库存清理出去；有些商家可能就是赔钱*可能赚一些吆喝。

运营人员： "双十一"的增长最快的*速度[时间]，就是晚上零点到两点之间，所有的销量都在这个时间爆发。"双十一"的量级，我们应该是在五百万以上。

运营人员： 这个时候很多人做的这些活动都是不计成本的。我现在想问一下，您现在这个网店开起来了没有？新店展示机会是相当相当低的。没有人会在这个节日去开新店，因为已经到了这个时候你再开，对于我们来说就是做什么都晚了。

[7]

11月1日 距11.11还有11天

泰　乐： 喂，can you say it again?

高佑思： 现在纽约凌晨一点吧。我刚收到一个消息，就是一个朋友告诉我有一家做秋裤的公司，在浙江义乌，离北京有点儿远。你、阿蒂、Dylan去看一下货吧。我想帮忙，但是我在美国嘛，这里事儿比较多，忙不过来。我一会儿给你发个地址。[你们]买个火车票，订个一两天的酒店，先自己掏钱吧。拜拜。

泰　乐： OK.

11月1日　20:00 北京南站

钟逸伦： 是一条河！哇！

11月2日　07：30 抵达南京

11月2日　09：30 南京转车义乌

钟逸伦： 我们来错了，我们要去的地方是那边！

泰　乐： 秋裤，我们*往[向]你走来。

[8]

STEP 4　进货

钟逸伦： 欸，你好，你好，你好！

员　工： 这里边请。你们是专门从北京过来的？

大　家： 对，对啊！

员　工：（这里是）生产车间。

泰　乐： 哇，哈哈哈！哦，这儿有背景音乐！这会*鼓励[激励]他们，给他们一个节奏感。

员　工： 可以选择我要什么什么样的字母，都可以自己挑、自己搭配的。像这个刚刚那种裤子啊，四个烫台，一天烫个七八千条裤子没问题。

阿　蒂： 一天七八千条？

员　工： 这个线呢，是根据客户的要求，它的织数不一样的，有细的，有粗的。"双十一"的货很多，然后[我们]在赶。很不巧，现在[你们]来的时候，是车间里面，可以说是最乱的时候。

阿　蒂： 它可以扯。

钟逸伦：很[有]弹性。

阿　蒂：我觉得我这种胖子也能穿。高佑思，我们选这个颜色吧。高佑思，我觉得你穿这个特别特别好看。

此时高佑思……　美国·纽约 10月28日

高佑思：I'm so happy!

[9]

阿　蒂：这个，这上面上面。那就再深一点儿吧。

钟逸伦：不好看。

阿　蒂：对，这种橙[色]。上上上，下下下。

泰　乐：我会把所有的设计都发给你好啦。

高佑思：不好意思，我要上飞机啦，你们自己做决定吧。

11月9日　距11.11还有33小时

高佑思：首先是这样，*我没有在很多天[我很多天没有在这儿]，然后我可能很多时候没有跟你们在微信上保持联系吧。

钟逸伦：我觉得我们花钱花得很乱。

高佑思：那Dylan，我们一共花了多少钱？你们用1,500块钱吃饭吗？

阿　蒂：对，1,500块钱。

高佑思：这不算在我们的公司里面。吃饭是你们自己的钱。

我真的……这不是[我们]讨论的事情。1,500块钱吃饭……

阿　蒂：我们五个人去啊！我们只吃了Burger King和KFC，而且我们都没有吃好吃的。

泰　乐：垃圾[食品]。

高佑思：你为什么说是一万？

阿　蒂：你想想我们一个人单程去就五百多，六百块。单程三千块，来回就六千块了。你再加上住宿，再加上吃饭，肯定有一*千[万]。出差肯定算公司的呀！

大　家：对啊。

高佑思：我当时给你打电话去那个工厂，没想到你会……[花]那么多！

[10]

阿　蒂：现在最大的问题就是，你是我们的[头儿]。每一次做一个决定的时候，你*有在那边吗？你每次*有回我们[了]吗？不管我们在微信上怎么讨论、怎么做，你都不回。

高佑思：我知道我们遇到了很多问题，越做越发现这个事情没有那么简单，尤其是因为我们决定做这个店是"双十一"的两周之前。现在有一个非常坏[的消息]，这个货没办法在"双十一"之前到。

钟逸伦：跟我们的消费者说实话，让他们知道现在我们没有货，我们[发货的时间]会长一点儿。

高佑思：所以我们有一个很难、非常难的目标。我们……We have to sell 500.

泰　乐：一定要。

高佑思：如果我们卖不*起来[出去]，基本上这个55的价格cover不了我们的成本，所以我们会亏*了。我们还有三十二个小时。

词 汇

[6]

开（店）	kāi（diàn）	[v.]		open, set up (a shop)
联系	liánxì	[v.]	[3级]	contact
大咖	dàkā	[n.]		an internet slang for a successful person in a field
老司机	lǎosījī	[n.]		an internet slang for a veteran driver or someone with experience or being skilled in a certain area
考察	kǎochá	[v.]	[4级]	make on-the-spot observation and study
参观	cānguān	[v.]	[2级]	visit (a site)
专业	zhuānyè	[adj.]	[3级]	professional
平台	píngtái	[n.]	[6级]	platform
一线	yīxiàn	[n.]	[7-9级]	frontline
人员	rényuán	[n.]	[3级]	personnel

方面	fāngmiàn	[n.]	[2级]	aspect
商家	shāngjiā	[n.]		business firm; enterprise
想法	xiǎngfǎ	[n.]	[2级]	idea, perspective
将	jiāng	[prep.]	[5级]	(move object before verb)
新品	xīnpǐn	[n.]		new product
打造	dǎzào	[v.]	[6级]	build; create
库存	kùcún	[n.]		goods in stock
清理	qīnglǐ	[v.]	[5级]	tidy up; clear out
赔钱赚吆喝	péi qián zhuàn yāohe			suffer losses in business for publicity
赔钱	péi qián		[7-9级]	suffer losses in business
吆喝	yāohe	[v.]		yell and sell
增长	zēngzhǎng	[v.]	[3级]	increase; grow
速度	sùdù	[n.]	[3级]	speed
销量	xiāoliàng	[n.]	[7-9级]	sales volume mainly in terms of quantity
爆发	bàofā	[v.]	[6级]	burst
量级	liàngjí	[n.]		magnitude; great size
不计	bújì	[v.]		not take into account
展示	zhǎnshì	[v.]	[5级]	display; exhibit
相当	xiāngdāng	[adv.]	[3级]	quite; fairly
对(于)……来说	duì (yú)……lái shuō			to someone; for someone (对于 [4级])

[7]

凌晨	língchén	[n.]	[7-9级]	before dawn
消息	xiāoxi	[n.]	[3级]	message
浙江	Zhèjiāng	[p.n.]		Zhejiang Province
义乌	Yìwū	[p.n.]		Yiwu City
货	huò	[n.]	[4级]	goods; merchandise
帮忙	bāng máng			help; do a favor; give a hand
订	dìng	[v.]	[3级]	book; make reservation
酒店	jiǔdiàn	[n.]	[2级]	hotel
掏钱	tāo qián		[7-9级]	pay money
抵达	dǐdá	[v.]	[6级]	arrive at
转车	zhuǎn chē			transfer trains or buses

[8]

进货	jìn huò			stock (a shop) with goods; replenish one's stock
员工	yuángōng	[n.]		staff; personnel
专门	zhuānmén	[adv.]	[3级]	specially
生产	shēngchǎn	[v.]	[3级]	produce
车间	chējiān	[n.]	[7-9级]	factory workshop
背景	bèijǐng	[n.]	[4级]	background
鼓励	gǔlì	[v.]	[5级]	encourage
激励	jīlì	[v.]	[7-9级]	stimulate

节奏感	jiézòugǎn	[n.]		sense of rhythm (节奏 [6级];感 [7-9级])
字母	zìmǔ	[n.]	[4级]	alphabet letter
挑	tiāo	[v.]	[4级]	choose; pick
搭配	dāpèi	[v.]	[6级]	blend; match
刚刚	gānggāng	[adv.]	[2级]	a moment ago; just now
烫台	tàngtái	[n.]		heat press machine
织数	zhīshù	[n.]		counts of yarn
细	xì	[adj.]	[4级]	thin
粗	cū	[adj.]	[4级]	thick
赶	gǎn	[v.]	[3级]	rush for
不巧	bù qiǎo			unfortunely
乱	luàn	[adj.]	[3级]	disordered
扯	chě	[v.]	[7-9级]	pull
弹性	tánxìng	[n.]	[7-9级]	elasticity
胖子	pàngzi	[n.]	[4级]	fat person
此时	cǐshí	[n.]	[5级]	this time

[9]

橙色	chéngsè	[n.]		orange color
设计	shèjì	[n.]	[3级]	design
首先	shǒuxiān	[pron.]	[3级]	in the first place
微信	Wēixìn	[p.n.]	[7-9级]	WeChat

保持	bǎochí	[v.]	[3级]	keep; maintain
垃圾食品	lājī shípǐn			junk food
来回	láihuí	[n.]	[7-9级]	round trip
加上	jiāshang		[5级]	add into
住宿	zhùsù	[v.]	[7-9级]	get accommodations
出差	chū chāi		[5级]	be on a business trip
当时	dāngshí	[n.]	[2级]	at that time
工厂	gōngchǎng	[n.]	[3级]	factory

[10]

头儿	tóur	[n.]		(coll. 口语词) chief; head
回	huí	[v.]		reply
不管	bùguǎn	[conj.]	[4级]	no matter; regardless of
消费者	xiāofèizhě	[n.]	[5级]	consumer (消费 [3级])
实话	shíhuà	[n.]	[7-9级]	truth; honest speech
发货	fā huò			send out goods
卖不出去	mài bu chūqù			unable to be sold
亏	kuī	[v.]	[5级]	lose (money)

问题

1. 阿蒂他们去哪里考察学习了？他们学到了什么？

2. 他们为什么又要去义乌？他们是怎么去的？遇到了什么问题？

3. 这次团队还遇到了哪些问题？阿蒂他们和高佑思的想法是什么？

小调查

用订票App查一下，从北京到义乌的火车票价、时间，在义乌住宿有哪些选择。

视频第三段 （8分15秒—14分54秒）

[11]

11月10日 样品到达，距11.11还有13个小时

快递员： 您好，义乌的快递到了。

高佑思： 到了！终于，啊，谢谢谢谢。可以，那我们开始拍，去拍产品照吧。

STEP 5　卖家秀

钟逸伦： 其实比我想象中保暖啊！你看我们在北京，在外面……

高佑思： 对，好冷啊，但是，我看一下……

钟逸伦： 挺好，我其实挺舒服啊。

高佑思： 我们可以问一下街上的人。欸，你好！你们觉得这个好看吗?

路　人: 啊……挺好的。快走吧。

高佑思: You ready?

钟逸伦: Yeah. 好沉!

高佑思: 没事儿。这个秋裤会保护你。不仅是保暖,也可以保护。但是你看,你摔了,但是你[的秋裤]质量还是挺好的。因为我们"别见外"保证质量最高,是吧?

[12]

11月10日 22:00 决战11.11

高佑思: Dylan,我们的店,我们还有两个小时,我们要准备开始宣传啊。这个更有吸引力,我觉得你这个屁股很大,这里。"双十一"只有我们两个人?

钟逸伦: 对呀,他们都跑了。

高佑思: 这是我们"别见外"网店的各种交易的状况,可以看到各个方面的数据。然后这样就可以按照它的流量看我们到底做得怎么样。请问,买了秋裤明年可以脱单吗?我们不能保证会脱单,Dylan会来找你约会。

钟逸伦: 你不能这样说。

22:30 阿蒂到达

高佑思:你终于来了。

阿　蒂:我来啦。

钟逸伦:阿蒂。

高佑思:鼓励大家买,因为他们不买啊,他们不买我就很紧张。因为星悦挺辛苦,她刚[从美国]回来*了从美国,所以……可以……

泰　乐:刚才看了一个音乐会,一个乐队,来自日本。

高佑思:Who cares? Tyler is fired. 现在要认真一点儿吧。是这样,你别问,你就说买。

钟逸伦:买两条,非常地感谢你啊!

高佑思:这就是客服!

[13]

23:55 泰乐到达

大　家:泰乐!

高佑思:啊!你喝了多少?

泰　乐:没有(酒味儿)。

大　家:Three! Two! One! "双十一"!

高佑思:两条!直接两条。

钟逸伦:一分钟之内我们已经卖了两条。

高佑思:Good! Good, guys! 加油,继续回吧。买我们的秋高佑思：裤吧，我是高佑思。买吧买吧，"双十一"来啦。

钟逸伦：三条。

高佑思：三条？Yes! Yes! 哦，四条！Dylan，你来唱歌吧。

钟逸伦：（唱歌……）

高佑思：我们现在有多少单？看看。

钟逸伦：十一。

高佑思：十一！成功！我好激动啊！我们现在已经赚了两百多块钱。

钟逸伦：啊！这是收入，不是盈利。

高佑思：It's getting crazy! Everything is difficult! 有太多顾客要回复*的[了]。

泰　乐：但是他们不买。

高佑思：There are so many, brother. They are absolutely crazy.

泰　乐：他们很多人不买。

[14]

高佑思：每个网店的店主也可能面临同样的问题，所以你其实需要*努力很多[很努力]，然后只有一部分人买。

泰　乐：现在只*有卖了十三条，有一点儿着急。

阿　蒂：本来以为就是很简单的，搞个[网店]，结束*事情[工作],然后就能大卖特卖,结果……

钟逸伦:现在只有我[在]做客服。

阿　蒂:我也在做客服啊。

钟逸伦:只有我们两个,高佑思在地上睡觉,你们看。

高佑思:不到二十条。不知道为什么,可能……其实我知道为什么,就是我们给的选择很*小[少]。我们的营销策略就是没有什么策略吧。没有学好淘宝的套路,没有学好这个"双十一"的套路。好累。我们*多[再]努力,然后明天我们起床再*厉[接]再厉。辛苦啊。

[15]

经过了漫长的18天后……11月29日 距11.11已过18天

泰　乐:我们现在去外面拿我的货。

高佑思:自己跑到这个送货的地方。

发货日

快递员:到付运费四百七十三。

高佑思:微信可以吗?

快递员:微信可以。

高佑思:确定是这个吗?

泰　乐:对,确定的。喔,太重啦!可以放在我的头上,我一个人可以拿得住的。拼了命为了这个秋裤,天天上班、加班。把我的头放在中间，比较平衡的。

泰　乐：还是挺重[的]吧？

星　悦：很重。

阿　蒂：我们[的顾客]一共下了六十五个单，三十五个男生，然后三十个女生。

高佑思：我建议我们[给]所有买的顾客，我们专门给他们写一个感谢信。

[16]

泰　乐：其实我觉得在我的人生中，最宝贵的一个体验就是跑到中国，体验中国的生活。最中国的东西就是什么？淘宝。

阿　蒂：有一个感觉就是，作为一个团队非常重要的是每个人扮演他的角色。如果一个人没扮演好，这整个东西都有可能会垮。

星　悦：就是觉得挺感动的，他们都跑去那个"义乌"。

阿　蒂：什么？义乌。

星　悦：我真的觉得自己是猪队友。

摄像师：你觉得谁是猪队友？

阿　蒂：我真的要说吗？

钟逸伦：我就是觉得……

摄像师： 可以看吗？（谁是猪队友？）

钟逸伦： 不在吧。

[17]

高佑思： 我觉得我们在中国的每一天，都是一种新的体验。我们这样的小团队能做到这个*地步[程度]，还是我觉得……我觉得很开心。这次体验短短的一个月，我发现我自己的缺点很多，以后我都会改善、完善我自己。大家，你们有没有发现，"双十一"销售额超过两千亿。首先，我很难过我们没跟*得上。其实，当一个好的网店店主是非常不容易的。关于我们这个两万人民币嘛，不用你们掏钱，你们如果想给，可以。但是我告诉你，我已经有办法[了]，没问题。

[18]

2017年11.11期间

全网交易额达到了2,539.7亿元，目前现有注册网店超过1,000万家，作为千万分之一的"别见外"网店，本次盈利–28,826.00元。

词 汇

[11]

样品	yàngpǐn	[n.]	[7-9级]	sample product
到达	dàodá	[v.]	[3级]	arrive
终于	zhōngyú	[adv.]	[3级]	finally (in the sense of always wanting to do something but only now "finally" being able to achieve the goal)
卖家秀	màijiāxiù	[n.]		seller show
保暖	bǎo nuǎn		[7-9级]	keep warm
街上	jiē shang			in the street
沉	chén	[adj.]	[4级]	heavy
保护	bǎohù	[v.]	[3级]	protect
摔	shuāi	[v.]	[5级]	trip and fall
保证	bǎozhèng	[v.]	[3级]	guarantee

[12]

决战	juézhàn	[v.]		decisive battle
吸引力	xīyǐnlì	[n.]		attraction; appeal (吸引 [4级])
屁股	pìgu	[n.]		(coll.口语词) butt
各种	gè zhǒng		[3级]	various kinds (各 [pron.] each, every; 种 [m.] type, kind)
交易	jiāoyì	[n.]	[3级]	transaction
状况	zhuàngkuàng	[n.]	[3级]	condition; situation

数据	shùjù	[n.]	[4级]	data
按照	ànzhào	[prep.]	[3级]	according to
流量	liúliàng	[n.]	[7-9级]	data traffic
脱单	tuō dān			be in a relationship
约会	yuēhuì	[v.]	[4级]	date
乐队	yuèduì	[n.]	[3级]	band

[13]

之内	zhī nèi		[5级]	within; inside of
继续	jìxù	[v.]	[3级]	continue; go on
成功	chénggōng	[v.]	[3级]	succeed
激动	jīdòng	[adj.]	[4级]	excited
盈利	yínglì	[n.]	[7-9级]	profit
疯狂	fēngkuáng	[adj.]	[5级]	crazy
回复	huífù	[v.]	[4级]	reply

[14]

面临	miànlín	[v.]	[4级]	be faced with
同样	tóngyàng	[adj.]	[2级]	same
一部分	yíbùfen	[pron.]	[2级]	a part of (部分 [2级])
着急	zháo jí		[4级]	feel anxious
本来	běnlái	[adv.]	[3级]	originally

搞	gǎo	[v.]	[5级]	(a nonspecific word for doing something) do; work; manage
大卖特卖	dàmài-tèmài			sell very well
结果	jiéguǒ	[conj.]	[2级]	as a result
地上	dì shang		[1级]	on the ground
策略	cèlüè	[n.]	[6级]	tactics; strategy
再接再厉	zàijiē-zàilì			(lit. again-join-again-sharpen) redouble one's efforts; make sustained and persistent efforts
辛苦	xīnkǔ	[v.]		(appreciate one's hard work)

[15]

漫长	màncháng	[adj.]	[5级]	endless
过	guò	[v.]		go through
到付	dàofù	[v.]		pay on delivery
运费	yùnfèi	[n.]		shipping fee
确定	quèdìng	[v.]	[3级]	decide firmly
拼命	pīn mìng		[7-9级]	make a death-defying effort
加班	jiā bān		[4级]	work overtime
平衡	pínghéng	[adj.]	[6级]	balanced
下单	xià dān			place order
建议	jiànyì	[v.]	[3级]	propose; suggest
感谢信	gǎnxièxìn	[n.]		thank-you letter (感谢 [2级])

[16]

人生	rénshēng	[n.]	[3级]	human life
宝贵	bǎoguì	[adj.]	[4级]	valuable; precious
扮演	bànyǎn	[v.]	[5级]	play the role of
角色	juésè	[n.]	[4级]	role
整个	zhěnggè	[adj.]	[3级]	whole; entire
垮	kuǎ	[v.]	[7-9级]	collapse; break down
感动	gǎndòng	[adj.]	[2级]	moved; touched
猪队友	zhūduìyǒu	[n.]		(i.s.网络俚语) an internet slang for incompetent teammate (猪 [n.] pig; 队友 [n.] teammate)
摄像师	shèxiàngshī	[n.]		camera person

[17]

地步	dìbù	[n.]	[7-9级]	(poor) condition
程度	chéngdù	[n.]	[3级]	level; degree
缺点	quēdiǎn	[n.]	[3级]	shortcoming; weakness
改善	gǎishàn	[v.]	[4级]	improve
完善	wánshàn	[v.]	[3级]	perfect
销售额	xiāoshòué	[n.]		sales volume (销售 [4级])
超过	chāoguò	[v.]	[2级]	exceed; outnumber
跟得上	gēn de shàng			be able to keep up with

[18]

期间	qījiān	[n.]	[4级]	during a certain period of time
达到	dádào		[3级]	reach (a big number)
目前	mùqián	[n.]	[3级]	at present
现有	xiànyǒu	[adj.]	[5级]	existing
千万	qiānwàn	[num.]		ten million
……分之……	……fēn zhī……		[4级]	express fractions (whole+分之+part of the whole)
本	běn	[pron.]	[6级]	this

问题

1. "双十一"开始时谁负责宣传?怎么样可以知道网店做得好不好?

2. 高佑思团队用了什么办法来改善销量?他们遇到了什么问题?

3. 通过这次经历,高佑思团队学到了什么?

PART 2
第二部分

准备内容
1. 学习语言点，熟读课文例句及其他例句。
2. 完成书面练习。

课堂活动
1. 讨论语言点例释，流利地表演例句情境。
2. 讨论书面练习。

语言点

1　连……都/也……　lián……dōu/yě……

这个结构往往引出某个极端的情况，通过与之比较来突出说话人想要强调的方面。**都**或者**也**都可用。

S+连+NP/VP/数量词/小句+**都/也**+（不/没）+VP

Similar to "even" in English, this pattern can emphasize certain pieces of information. **Dōu** and **yě** are interchangeable.

S + **lián** + NP / VP / Quantifier / Clause + **dōu / yě** + (bù / méi) +VP

[2] 阿　蒂：我连你要卖什么都不知道，你让我投资？

　　高佑思：这个网店它卖的是秋裤。

（1）同学A：我问你，一加一等于几？

　　同学B：这还要问我？连三岁孩子都知道。

（2）朋友A：我来中国已经三年了，可是连北京都没去过。

　　　朋友B：那你这次去北京出差是个好机会！

（3）他连打乒乓球都不会。

（4）中国同事：你的中文真好，跟中国人差不多了。

　　　外国同事：谢谢！我学了很多年了。我刚来中国的时候，连一句简单的中文都不会说。

（5）同学A：你连"老司机"是什么意思都不知道？

　　　同学B：老司机不就是那些很老的司机吗？

2　说真的　shuō zhēnde

用来引出并强调个人真实想法，用于口语。

Similar to "honestly" or "being honest", **shuō zhēnde** can be used colloquially to express one's true feeling.

[2] 阿蒂：因为说真的，你找我们之前，你没有提过关于钱的这个问题。

（1）朋友A：你觉得小李怎么样？

　　　朋友B：说真的，虽然他又高又帅，可是我真不喜欢他。

（2）同学A：说真的，学好汉语真不容易。

　　　同学B：你已经学得很好了！

（3）队友A：你感觉这次网店开得怎么样？

　　　队友B：我们这样的小团队能做到这个程度，我觉得很开心。我是说真的。

3 反正 fǎnzhèng

强调在任何情况下都不改变情况或结果。强调**反正**后面的内容，不管前面的任何情况。

[被忽视的情况]，**反正**……

Similar to "anyhow" or "regardless", this pattern is used to disregard a previous statement, particularly those involving options or choices.

[Disregarded Situation], **fǎnzhèng**……

[3] 高佑思：你们大概的……成本大概多少？

店　主：我们反正一条就加个三块五块。

（1）朋友A：下周末的生日派对我还不知道去不去。

朋友B：反正我肯定会去。

（2）同学A：你觉得这个研究怎么做比较好？

同学B：说不说都一样，反正没人听我的。

（3）孩子：你们怎么想都没关系，反正我要和她结婚。

父母：这孩子越来越不听话了。

4 距……(还)有…… jù……(hái) yǒu……

用来表示离某个时间点还有多长时间，或者离某个目的地还有多少距离。

This pattern can express the time duration to a time to come, or the distance to a destination.

[5] 10月27日 距11.11还有15天

（1）今天距春节还有五天，很多中国人已经在回家的路上了。

（2）天津距北京有130多公里。

5 大咖 dàkā

咖是英文cast（角色）的音译，近年流行用**大咖**指演艺圈的著名艺人，也引申为在某个领域的成功人士。

Kā is a transliteration of the English word "cast". **Dàkā** is a recent popular term to refer to famous celebrities in entertainment industry and, in extended meaning (in a humorous way), a successful person in a specific profession.

[6] 阿蒂：我们不是要开那个店吗？然后我就联系了一个大咖，一个老司机。

（1）朋友A：这部电影好不好看？

朋友B：听说这部电影有好多大咖，应该很好看。

（2）同事A：今天的会都有谁啊？

同事B：你不知道吗，来了很多投资大咖！

6 老司机 lǎosījī

原指经验丰富的驾驶员，近年来成为幽默的网络俚语，特指有丰富资源、对行业规则经验老道的人。

Originally meaning "veteran driver", **lǎosījī** in recent years has become a humorous internet slang to refer to someone who has abundant resources or understands the inner workings of a specific field.

[6] 阿蒂：我们不是要开那个店吗？然后我就联系了一个大咖，一个老司机。

（1）乘客：你开得太快了，慢一点儿好吗？

司机：不要担心，我是二十年的老司机了。

（2）同事A：他做运营行不行？

同事B：没问题，他在电商行业工作了好多年，是个老司机了。

7 将 jiāng

将的用法和介词**把**一样，把宾语移到动词之前，强调动作对宾语的结果或影响。**将**比较正式，多用于书面语。

S+将+O+VP

Jiāng is a formal alternative of **bǎ**, which moves the object of the verb to a position before the verb and to indicate that the object is being disposed of or handled in a certain way.

S+jiāng+O+VP

[6] 运营人员：……有些商家希望通过"双十一"将他的新品打造出来……

（1）乘坐飞机时请将您的手机关闭。

（2）请将您的行李物品放在行李架上。

（3）请将您行李内的电子设备取出。

8 赔钱赚吆喝 / 赔本赚吆喝　péi qián zhuàn yāohe / péi běn zhuàn yāohe

这条俗语的意思是"虽然赔钱了，但通过这样相当于做了广告，扩大了知名度"。**赔钱**的意思是做生意时在金钱方面有损失。**钱**和**本**能互换，**本**是**成本**的意思。**吆喝**是动词，意思是大声喊着（卖东西等）。

This proverb expresses "to suffer losses in business for publicity". **Péi qián** is a verb-object compound that means to suffer losses in business. The object **qián** can be replaced with **běn**, as in **chéngběn**, refers to "(net) cost". **Yāohe** is a verb that means to yell (and sell).

[6] 运营人员：有些商家可能就是赔钱*可能赚一些吆喝。

（1）同事A：这样做我们赚不到钱的。

　　同事B：刚开始就得赔钱赚吆喝。

（2）朋友A：100元以下的银行账户也可以开吗？

　　朋友B：可以可以，不过这是银行赔本赚吆喝。

（3）运营人员A：39元以下的不免运费了吗？

运营人员B：对，我们不再赔本赚吆喝了。

9 V+不/得+过来 V+bu/de+guòlái

V+不过来表示不能够很好地完成。**不过来**是表示否定的可能补语。**V+不过来**的肯定形式是**V+得过来**，表示能够很好地完成。

Verb+bu guòlái is a negative potential compound that means to be unable to accomplish an action or fulfill duties. -bu guòlái is negative potential complement. The affirmative form is verb+de guòlái, which means one is able to accomplish an action or fulfill duties.

[7] 高佑思：我想帮忙，但是我在美国嘛，这里事儿比较多，忙不过来。

（1）经理：你们团队三个人不够吗？

运营人员：说真的，我们忙不过来。

（2）同事A："双十一"所有的销量都在晚上零点到两点之间爆发，量级应该是在五百万以上。

同事B：你说慢一点儿，我有点儿反应不过来。

（3）妈妈：怎么功课还没做完呢？

女儿：作业太多了，实在做不过来。

（4）室友A：这个网站有好多电影，我都看不过来了。

室友B：放假的时候你可以慢慢看。

（5）朋友A：我打算在上海待三天，你觉得我玩儿得过来吗？

朋友B：看几个主要的地方是没问题的。

（6）朋友A：点这些菜怎么样？

朋友B：点得还行，我们应该吃得过来！

10 比较：向—往 xiàng—wǎng

两者都是表示动作行为方向的介词，词义相近。如果动作有方向（如**前**），则两者均可。如果动作有具体对象（如**你**），得用**向**。如果动词在前，后跟目的地（如**上海**），得用**往**。如果动词在前，后跟大致方向（如**蓝天**），则用**向**。

I. **向/往**+方向+V　　II. **向**+对象+VP

III. V+**往**+目的地　　IV. V+**向**+方向

Both **xiàng** and **wǎng** are prepositions that indicate the direction of an action. If the action has a direction (e.g. **qián**), use either **xiàng** or **wǎng**. But if the action has a specific target (e.g. **nǐ**), use **xiàng**. If a verb precedes and a destination (e.g. **Shànghǎi**) follows, use **wǎng**. If a verb precedes and a direction (e.g. **lántiān**) follows, use **xiàng**.

I. **xiàng/wǎng** + Direction+V　　II. **xiàng** + Person + VP

III. V + **wǎng** + Destination　　IV. V + **xiàng** + Direction

[7] 泰乐：秋裤，我们*往[向]你走来。

I.（1）路人A：请问，银行怎么走？

　　路人B：往/向前走十分钟就到了。

II.（2）朋友A：你怎么知道他喜欢你？

　　朋友B：他昨天向我笑了一下。

III.（3）列车广播：本次列车开往上海。

IV.（4）飞向蓝天 | 看向天空 | 奔向大海

11 比较：鼓励—激励 gǔlì—jīlì

两者都是动词，词义相近。**鼓励**主要是通过言辞来勉励个人或集体做得好，施事通常是人，也可以是国家、公司、学校等。**激励**主要是通过某种刺激方式激发个人或集体的斗志来做得更好。

The two verbs **gǔlì** and **jīlì** work differently. **Gǔlì** expresses to praise someone's good job through speech. The doer is usually a person, and can also be a country, company, or school. **Jīlì** expresses to stimulate someone to do a better job.

[8] 员工：（这里是）生产车间。

泰乐：哇，哈哈哈！哦，这儿有背景音乐！这会*鼓励[激励]他们，给他们一个节奏感。

（1）中国朋友：我发现你的汉语最近进步非常快。

外国朋友：真的吗？我们老师经常鼓励我们要多听多说，不要怕说错。

（2）同学A：你为什么打算回国？

同学B：现在国家鼓励留学生毕业以后回国发展，我觉得回国以后会有不错的发展。

（3）老板：希望这个奖金能激励一下你们。

员工：我们会好好工作的！

（4）球员：谢谢教练，您的话深深地激励了我。

教练：觉得有用就好，加油！

12 （不）巧　（bù）qiǎo

形容词**巧**的意思是恰好或正好遇在某个机会上。**不巧**是对**巧**的否定。

Similar to "unluckily" or "as luck would have it", the pattern **bùqiǎo** is used at the beginning of an utterance to alert a bad-luck situation. On the contrary, **qiǎo** is used for a coinciding situation.

[8] 员工：很不巧，现在[你们]来的时候，是车间里面，可以说是最乱的时候。

（1）客人：请问，王经理在吗？

前台：真不巧，他刚出去。

（2）顾客：这件衣服有红的吗？

售货员：很不巧，刚卖完。试试黑的吧？

（3）学生A：你带雨伞了吗？

学生B：真不巧，我也没带。

（4）游客A：我是广州人，你呢？

游客B：太巧了，我也是广州人。

（5）乘客A：我去苏州大学。

乘客B：真巧，我也去苏州大学，我们要不一起拼车吧？

13 不管 bùguǎn

用于有疑问代词或并列短语等的语句，表示在任何条件下，结果或结论都不会改变，后有**都**或**也**呼应。

I. **不管**+疑问代词小句，（S+）**都/也**……

II. **不管**+是+A+还是+B，（S+）**都/也**……

III. **不管**+[V/Adj.]+不+[V/Adj.]，（S+）**都/也**……

IV. **不管**+多+Adj.，（S+）**都/也**……

Similar to "no matter" or "regardless", this pattern expresses the determination of the subject to take an action regardless of what happens, or a certain situation or condition remains unchanged despite any interference. **Dōu** and **yě** can be used in the second part of the sentence to emphasize the action or decision will not change.

I. **bùguǎn**+[Question Word Question], (S+) **dōu/yě**……

II. **bùguǎn**+shì+A+háishì+B, (S+) **dōu/yě**……

III. **bùguǎn**+[V/Adj.]+bù+[V/Adj.], (S+) **dōu/yě**……

IV. **bùguǎn**+duō+Adj., (S+) **dōu/yě**……

[10] 阿蒂：不管我们在微信上怎么讨论、怎么做，你都不回。

Ⅰ．（1）同学A：你有什么不高兴的可以跟我说。

同学B：不管我说什么，都没人听我的。

Ⅱ．（2）外国人：我是外国人。

警察：不管你是中国人还是外国人，在中国都要遵守中国的法律。

Ⅲ．（3）朋友A：下周末的生日派对我还不知道去不去。

朋友B：不管你去不去，我肯定都会去。

Ⅳ．（4）室友A：报告还没写完啊？打算几点睡？

室友B：不管多晚，我也得把报告写完。

14 以为 yǐwéi

用来表达此前不符合客观事实的想法，后面常常会再带**结果**、**没想到**、**谁知道**、**其实**、**原来**引导的小句，说明事实情况。

S+**以为**+小句（，事实情况小句）

Yǐwéi, "mistakenly think that", is the same as "thought" in English when we talk about mistaken beliefs. The clause that follows **yǐwéi** is the mistaken belief or incorrect information. A second sentence often follows to show the true information, starting with **jiéguǒ, méi xiǎngdào, shéi zhīdào, qíshí,** or **yuánlái**.

S+**yǐwéi**+Clause (, True Information Clause)

[14] 阿蒂：本来以为就是很简单的，搞个[网店]，结束*事情[工作]，然后就能大卖特卖，结果……

（1）同事A：你怎么现在才来啊？我们一点就开始了！

同事B：不好意思啊，我以为一点半才开会。

（2）我以为这个电影很好看，结果太让我失望了。

（3）同学A：你今天为什么带伞呀？

同学B：我以为今天会下雨，没想到一点儿雨都没下。

（4）室友A：你怎么了？

室友B：我以为这次考试我考得很好，谁知道只考了60分。

（5）老师A：我以为同学们都听懂了。

老师B：其实他们没听懂，但是又不好意思问你。

（6）外国朋友：我是在温哥华出生长大的。

中国朋友：我一直以为你是美国人，原来你是加拿大人。

15 大卖特卖 dàmài-tèmài

表达东西卖得特别多、特别好。**大卖**也可以单独使用，意思也是卖得非常好。但如果**特卖**单独使用，意思则是"打折销售"。类似**大**+V+**特**+V的表达还有**大赢特赢**、**大吃特吃**等。

This pattern indicates something is sold at a high volume and sold very well. **Dàmài** can be used alone and mean the same. **Tèmài**, if used alone, means "special sale" or "on sale" instead. Expressions using the **dà**+V+**tè**+V pattern expresses that an action occurs at a great level, such as **dàyíng-tèyíng** and **dàchī-tèchī**.

[14] 阿蒂：本来以为就是很简单的，搞个[网店]，结束*事情[工作]，然后就能大卖特卖，结果……

（1）朋友A：我们的网店还没有开起来呢。

朋友B：那你们"双十一"不可能大卖（特卖）的。

（2）祝票房｜专辑｜新书大卖！

（3）同事A：这次"双十一"你买什么东西了吗？

同事B：现在的特卖越来越复杂了，说真的，我算不过来。

（4）同学A：这次我校篮球队赢了对方30分。

同学B：每次比赛都能大赢特赢，厉害！

（5）同学A：考完试有什么打算？

同学B：还要问吗，去自助餐厅大吃特吃！

16 再接再厉 zàijiē-zàilì

原指公鸡相斗，每次交锋以前先磨一下嘴。**再**意思是"又一次"，**接**意思是"作战"，**厉**意思是"磨快"。比喻继续努力，再加一把劲。

This phrase originally referred to the habit some roosters had of sharpening their beaks prior to fighting, because a literal translation of the idiom is "again join (battle) again sharpen (one's weapon)". **Zài** means "again", **jiē** means "join (battle)", and **lì** means "sharpen". Freer translations of the idiom include "redouble one's efforts" and "make sustained and persistent efforts".

[14] 高佑思：我们*多[再]努力，然后明天我们起床再*厉[接]再厉。辛苦啊。

（1）学生：老师，我考上了北京大学！

老师：祝贺祝贺！希望你再接再厉，以后能有更大的成就！

（2）经理：时间不早了，项目今天就做到这儿吧。

同事：好，那我们明天再接再厉。

17 拿得住 ná de zhù

拿得住表示能够拿住。**拿得住**的**住**是可能补语，表示"牢固、稳固"。**拿得住**的否定形式是**拿不住**。

Ná de zhù is an affirmative potential compound that means "be able to hold". -**zhù** is potential complement that means "undertaking an action firmly". The negative form is **ná bu zhù**.

[15] 泰乐：喔，太重啦！可以放在我的头上，我一个人可以拿得住的。

（1）家里的地址记得住吗？

（2）没关系，你打吧，我忍得住。

（3）还坚持得住吗？不行的话就睡吧。

练 习

一、填空

| 利用 | 鼓励 | 区别 | 依赖 | 团结 | 向 |
| 激励 | 盈利 | 再接再厉 | 本来 | 宝贵 | 往 |

1. 老师：你知道这两张图片有什么_____吗？

   学生：我看不出来，它们看起来是一样的。

2. 路人A：请问，去博物馆应该_____哪儿走？

   路人B：你看见那栋高楼了吗？你_____着它的方向走，经过两个路口就到了。

3. 同学A：你暑假打算去哪儿玩儿？

   同学B：我哪儿也不去了，我想_____暑假的时间学点儿日语。

4. 朋友A：听说你小时候在农村生活过，是吗？

   朋友B：是的，那是我最_____的一段经历，那时候我每天都过得很快乐。

5. 同学A：明天就要比赛了，我很紧张。

   同学B：别紧张，_____就是力量，大家会帮你的。

6. 朋友A：你为什么喜欢这个篮球明星？

   朋友B：因为他说过他从不害怕任何困难，这句话一直_____着我。

7. 同事A：小刘开的那家公司最近怎么样？

   同事B：听说那家公司三年没有赚到钱，今年终于有_____了。

8. 妻子：下午有雨，带把伞吧。

　　丈夫：啊？我_____还想下午打网球呢，看来打不了了。

9. 老师：小张，你这次考试考得不错，要_____啊！

　　小张：谢谢您对我的_____，我一定会继续努力。

10. 朋友A：如果手机不在身边，我就什么也做不了。

　　朋友B：你太_____手机了，哪天手机丢了看你怎么办。

二、配对

1. 这部电影最近大卖特卖，听说很好看。

2. 请问，刘先生在家吗？我是他的朋友。

3. 我觉得大卫应该向他女朋友道歉。

4. 他是文学界的大咖，你不想和他见个面吗？

5. 现在距离比赛还有三个月呢，怎么连一张票都买不到了呢？

6. 我买了一部新手机，下载了一千多首歌。

7. 我下个星期把相机还给你，好吗？

8. 你到了吗？我在一楼咖啡馆。

A. 这是他们之间的事儿，你就不要再插上一脚了。

B. 当然想，他是这个行业的老司机，经验丰富极了。

C. 这么多，你听得过来吗？

D. 我已经看过了，说真的，一点儿意思也没有，你还是看别的吧。

E. 没事儿，你什么时候给我都行，反正我最近也不用。

F. 快了，我正在往你那儿走呢。

G. 真不巧！他五分钟前刚出门，要不您进来等他吧，他一会儿就回来。

H. 听说很多人一年前就买票了，你现在买太晚了！

三、完成对话

1. 朋友A：我想开一家网店，我们一起投资吧。

　　朋友B：_____。（连……都……）

2. 朋友A：你上个星期看的房子怎么样？

   朋友B：_____。（说真的）

3. 儿子：这辆车现在特卖，很便宜，你给我买吧，我太喜欢它了。

   父亲：_____。（反正）

4. 学生A：_____？（距离……还有……）

   学生B：还有十天。

5. 空姐：您好！飞机已经起飞了，_____。（将）

   乘客：好的。

6. 朋友A：最近工作怎么样？

   朋友B：_____。（V不过来）

7. 朋友A：我的车坏了，你可以把车借给我吗？

   朋友B：_____。（不巧）

PART 3 第三部分

准备内容

熟读视频文本,准备情境重现及口头叙述,尽量脱稿表演。

课堂活动

老师引导学生轮流进行情境重现及口头叙述,老师及时给予反馈。

情境重现

老师与学生(或学生与学生)根据提示,合理表演视频里的情境。

1. 在批发市场做秋裤的市场调查,了解秋裤的种类、面料、成本等。
2. 在批发市场装作客户买秋裤。
3. 在电商运营公司跟运营人员了解一下怎么运营电商平台。
4. 参观义乌秋裤工厂的生产车间。

口头叙述

学生用自己的话,从不同的角度来复述视频里的故事。

1. 从批发市场几位店主的角度,谈谈两个外国人来买秋裤的经历和你的想法。
2. 从义乌秋裤工厂员工的角度,说说几个外国人来进货的经历。
3. 从阿蒂的角度,聊聊这次开网店的经历和你的想法。
4. 从泰乐的角度,谈谈当负责人的经历和你的想法。

PART 4 第四部分

准备内容

重看视频,根据视频话题准备问题,学习主持讨论的表达,准备课堂讨论。

课堂活动

学生轮流担任主持人,带领全班同学一起讨论。

跨文化访谈

如果课后邀请视频中的人物进行访谈,主持人可以问哪些问题,这些人物会怎么回答?请老师、同学们组织一次访谈,聊聊视频中的体验和想法。也请观众回答一些问题。以下的访谈提纲供师生选择使用。鼓励学生自己准备访谈问题,并邀请视频中其他人物加入访谈。

阿蒂:

1. 你们去义乌一共花了多少钱?是怎么花的?
2. 你在这个团队里都做了哪些工作?觉得自己做得如何?
3. 你觉得高佶思这次开网店开得怎么样?

泰乐:

1. 你们做市场调查的时候,有没有遇到什么困难?你们是怎么解决的?
2. 你在这个团队里做了哪些工作?你觉得自己做得怎么样?
3. 这次开网店一共花了多长时间?你们是怎么合作的?
4. 如果再开店的话,你还愿意跟这些朋友合作吗?为什么?

高佑思：

1. 你为什么想开一个网店？你当时打算怎么赚钱？
2. 你组建团队的时候，为什么找你这些朋友？
3. 你觉得这次开网店开得怎么样？你通过这次经历学到了什么？
4. 你的网店现在还开着吗？以后如果再开店的话，你觉得可以有哪些改变？

观众：

1. 你觉得谁这次表现得比较好？为什么？
2. 你觉得谁可以做得更好？你会给一些什么建议？
3. 开网店卖秋裤这个想法好不好？商品、客服、运营都合适吗？
4. 如果你要开一个网店，你会卖什么？为什么？

PART 5
第五部分

准备内容

根据课外实践要求，出门做任务，写下笔记，准备口头报告。

课堂活动

学生轮流进行口头报告，欢迎同学和老师提问，老师给予反馈。

课外实践

你在网店买过东西吗？有没有卖过东西？你身边有没有开网店的朋友？可以听听他们开网店的经历。你自己组建过团队吗？组建团队要做什么？哪里做得好，哪里可以做得更好？当时有没有遇到过什么困难？你是怎么解决困难的？挑选一个你感兴趣的话题，准备一个报告，跟老师、同学们交流一下收获。

文化拓展

▲ 为什么网购如此流行？

2019年全年，中国网上零售总额达到10.63万亿元人民币，共产生快递635.2亿件，这相当于每个中国人会收到45件快递。网购为什么如此流行？首先，随着经济的发展，中国人均可支配收入不断提高，消费水平也就提高了。其次，支付宝、微信等移动支付平台的发展让网购变得非常方便。再次，物流行业持续快速发展，为网购提供了高效低价的快递服务。最后，网购服务比传统线下购物拥有一些优势，比如商品种类齐全、价格实惠、退换货方便等。不过网购也带来了一些新的问题，比如海量的快递包装造成了资源浪费和环境污染问题。

▲ Why is Online Shopping so Popular?

　　Total online retail sales in 2019 reached 10.63 trillion yuan and generated a total of 63.52 billion delivery boxes. This means that, on average, a Chinese person would receive 45 delivery boxes in 2019. So, why is online shopping so popular in China? First, with economic development, China's per capita disposable income has increased, and so has per capita consumption. Second, mobile payment platforms such as Alipay and WeChat have made online shopping fast and convenient. Third, the quickly-developing logistics industry has provided online shopping with high efficiency and low cost. Last, online shopping comes with more advantages than traditional offline shopping, such as having a complete range of goods, affordable prices, and a convenient return and exchange process. However, online shopping has also brought some new problems. For example, the massive consumption of packaging materials has caused a waste of resources and contributed to environmental pollution.

QĪNG XIĀN XIÀ HÒU SHÀNG, ZHÙYÌ ĀNQUÁN

请先下后上，注意安全

第 4 课

完整视频

导 语

　　据统计，到2017年年底，世界上至少有56个国家、200多个城市开通了城市轨道交通，而中国是世界上开通城市轨道交通线路数量最多的国家。截至2019年年底，中国（除中国香港、澳门特别行政区及中国台湾地区）共有40个城市开通城市轨道交通线路，共有线路208条，总长度达6,736.2公里，其中地铁线路长度为5,180.6公里。这些线路在2019年共完成客运量237.1亿人次，相当于14亿中国人每个人在2019年乘坐了17次地铁。

　　在地铁站当工作人员是怎样的体验？我们跟着高佑思去体验一下吧。

　　As of 2017, at least 56 countries (more than 200 cities) in the world had urban rail transit lines available. China has the world's longest urban rail transit lines. As of 2019, China had put 208 urban rail transit lines into operation in 40 cities (excluding Hong Kong SAR, Macao SAR and Taiwan region) and boasts a system with 6,736.2 kilometers rail transit lines, 5,180.6 kilometers of which are underground lines. These lines completed a total of 23.71 billion passenger-journeys in 2019—on average each of the 1.4 billion Chinese people took the subway 17 times that year.

　　What is it like to be a subway station staff member? Let's check it out with Gao Yousi!

PART 1 第一部分

视频第一段 （0分40秒—5分28秒）

[1]

伴随着城市的苏醒，我们可能每天都会与这些人相遇，但却很难意识到他们的存在。

高佑思：今天来*做[参与]一个很不一样的体验。

志愿者：手不能插兜啊！手不能插兜！

高佑思：哦，不好意思，不能……不好意思，不好意思。注意我们的形象嘛？

志愿者：形象，对！

高佑思： 志愿者的形象。不好意思啊。I'm sorry.

北京 国贸地铁站 08：00：00

高佑思： 请抓紧时间，大家不要*跑步[跑]，谢谢。Have a great day. 可以慢一点儿啊。他们都*赶紧[赶着]要上班，我为什么要他们慢点儿走？*祝愿[希望]你们不要迟到啊。上班愉快。上地铁愉快。

08：30：00

志愿者： 车门即将关闭，请注意安全！

高佑思： 对！请注意安全，先上后下。先下后上！先下后上！欸，不好意思，不要靠得那么近。高峰期我觉得做这个地铁志愿者，喔，很可怕，这样。

[2]

08：50：00

高佑思： 欸，请站在黄线外面。直接刷*到这儿。

乘 客： 到南站是坐几号线？

高佑思： 啊，你要到南站。南站你要到……嗯……我从来没有在一个小时之内碰到那么多人。

乘 客： 潘家园哪个方向啊？

志愿者： 潘家园乘这个……

乘 客： 到十里河……

乘 客： 健德门……

乘　客：宋家庄……

高佑思：卫生间，你看，左转下去。我帮你，我帮你，我帮你。[要]不停地*要说话，不停有人来问。当志愿者你都不收钱，然后你这么努力。

乘　客：请问……

高佑思：请问，你要去哪里？

高佑思：早高峰这个人多啊，而且我做的事情很少，感觉都是反复做一样的事情。什么都没干，但是*又[很]累，每天[都]这样吗？这是志愿者的意义吗？

[3]

10：00：00

高佑思：你们，你们去天安门是吗？好。刚开始遇上河南来的这一家的时候，我还以为这不过又是一次重复的志愿者工作。啊，马上到，小心小心小心。等一分钟啊。

郑州乘客：我们是从郑州来的。

高佑思：郑州来的，专门为了体验北京吗？哇！带你爸爸妈妈来就是为了体验北京？

郑州乘客：没有到过北京，要到北京、到天安门看一下，到纪念堂、故宫。

高佑思：哇！他们来过吗？是他们的第一次？

郑州乘客：第一次。

高佑思：是他们人生第一次来北京吗？

郑州乘客：第一次来北京。

高佑思：哇哦！

郑州乘客：（我父亲）八十八岁了。

高佑思：八十八岁。

郑州乘客父亲：（虚岁）差一岁[九十]。

高佑思：差一岁。哇哦，哇哦，哇哦！

郑州乘客父亲：正常时间都进土啦。

高佑思：天安门。

郑州乘客父亲：我跟你说，我们花我老二的钱。老二是建筑工。

高佑思：啊！

站务员：到天安门，是吧？

郑州乘客：啊，对，天安门。

高佑思：是嘛！

站务员：坐到天安门东啊。

郑州乘客：啊，好的好的。你是哪个国家的？

高佑思：以色列。

郑州乘客：他是以色列的。

高佑思：我是以色列[的]。对，犹太人。

站务员：抓紧！抓紧！抓紧！抓紧了各位！天安门东啊。

高佑思： 没问题。

站务员： 听广播，天安门东啊。

高佑思： See you！拜拜！注意安全啊。玩儿得开心。哇哦！像刚才那样，为了能够帮助别人完成他们的故事，完成他们的行程。You know? Give them security, safety, happiness, family. You know?

[4]

高佑思： 欸，请注意安全。因为我怕这个，这个很危险啊，这里。

乘　客： 谢谢。

高佑思： 大家请注意安全啊。请*靠往后[靠]一点儿。*靠往后[靠]一点儿。先下后上。

高佑思： 啊，你好。我是志愿者。

站务员： 志愿者？

高佑思： 你要……从早上到晚上站*到[在]这里吗？

站务员： 对对对！就是轮班。

高佑思： 我也可以站*一点儿[一下]吗？不行？

站务员： 啊？

词 汇

先下后上	xiān xià hòu shàng			(lit. first get off then get on) let others off before getting on
安全	ānquán	[adj.]	[2级]	safe

[1]

伴随	bànsuí	[v.]	[7-9级]	accompany; follow
苏醒	sūxǐng	[v.]	[7-9级]	revive; gain consciousness
与	yǔ	[conj.]	[6级]	and; together with
相遇	xiāngyù	[v.]	[7-9级]	encounter
却	què	[adv.]	[4级]	but; yet; however
意识	yìshí	[v.]	[5级]	realize
存在	cúnzài	[v.]	[3级]	exist
志愿者	zhìyuànzhě	[n.]	[3级]	volunteer
插兜	chā dōu			put hands in pocket (兜 [7-9级])
形象	xíngxiàng	[n.]	[3级]	general impression presented to the public
国贸	Guómào	[p.n.]		中国国际贸易中心 Zhōngguó Guójì Màoyì Zhōngxīn (China World Trade Center)
抓紧	zhuā jǐn		[4级]	firmly grasp; hurry
跑步	pǎo bù		[3级]	jog
赶着	gǎnzhe			be in a hurry to do something
即将	jíjiāng	[adv.]	[4级]	about to

关闭	guānbì	[v.]	[4级]	close
靠（近）	kào (jìn)	[v.]	[5级]	be near to
可怕	kěpà	[adj.]	[2级]	fearful; terrible

— [2] —

刷	shuā	[v.]	[4级]	swipe
乘客	chéngkè	[n.]	[5级]	passenger
南站	Nánzhàn	[p.n.]		北京南站 Běijīng Nánzhàn (Beijing South Railway Station)
从来	cónglái	[adv.]	[3级]	always; at all times
卫生间	wèishēngjiān	[n.]	[3级]	restroom
不停	bù tíng		[5级]	nonstop
收钱	shōu qián			collect money (收 [2级])
反复	fǎnfù	[adv.]	[3级]	repeatedly; over and over again

— [3] —

天安门	Tiān'ānmén	[p.n.]		Tian'anmen Square
遇上	yùshang		[7-9级]	encounter; run into someone
河南	Hénán	[p.n.]		Henan Province
不过	búguò	[adv.]	[2级]	merely; no more than
重复	chóngfù	[v.]	[2级]	repeat; duplicate
郑州	Zhèngzhōu	[p.n.]		Zhengzhou (capital of Henan Province)
纪念堂	jìniàntáng	[n.]		memorial hall (纪念[5级])

故宫	Gùgōng	[p.n.]		The Palace Museum
虚岁	xūsuì	[n.]		in nominal age
进土	jìn tǔ			(lit. enter earth) pass away
老二	lǎo'èr	[n.]		second child
建筑工	jiànzhùgōng	[n.]		construction worker (建筑[5级])
站务员	zhànwùyuán	[n.]		staff member of a railway, bus, etc. station
各位	gè wèi		[3级]	you all
广播	guǎngbō	[n.]	[3级]	broadcast
行程	xíngchéng	[n.]	[6级]	route; itinerary

── [4] ──

怕	pà	[v.]	[2级]	fear
危险	wēixiǎn	[adj.]	[3级]	dangerous
轮班	lún bān			be on duty by turns

问题

1. 高佑思做了哪些志愿工作？遇到了什么困难？

2. 郑州乘客一家为什么要来北京？

3. 最后高佑思想做什么工作？

视频第二段 （5分28秒—9分07秒）

[5]

高佑思：确实有点儿紧张。（胸牌：为人民服务）

17：30：00

高佑思：站稳扶好！谢谢配合！

广　播：请您抓好扶手，注意脚下安全。

乘　客：谢谢。

高佑思：注意安全啊。

乘　客：谢谢叔叔。

[6]

乘　客：欸，您好！*那边有个人晕在那边了！那头儿！那头儿！那头儿！

站务员：怎么了？有人晕了。看见了！看见了！看见了！

高佑思：怎么啦？欸？

站务员：是心脏疼吗？

年轻人：就是突然间……就是……

对讲机：下行车头怎么了？

站务员：是心脏吗？

年轻人：这个地方。

站务员：不是心脏，是吗？

高佑思：不是心脏。

站务员：用给你打999吗？

年轻人：不用。

站务员：不用打？

年轻人：经常的事情。有水……有水吗？

高佑思：有水，拿一点儿水。对！请带一杯……一瓶水下来。谢谢。

年轻人：以前也有这种状况，但是就是过了一段时间就好了。

高佑思：欸，还有多久啊？没事儿啊！来来来，会好一点儿！

来！那你喝一点儿，喝一点儿，热的。

对讲机：问问他，用不用打个120什么的。

高佑思：欸，先不用吧，谢谢。

站务员：发车台还[有]谁在呢？那一会儿看着车啊。

高佑思：It's OK. 是不是要站*着[起来]试一下？来来来，你试一下。休息休息。*吸呼[呼吸]。

年轻人：不用不用，不用搀我，我自己试。

[7]

高佑思：欸，你多大？

年轻人：十八。

高佑思：十八！哇，还是挺年轻的！

高佑思：高中毕业了吗？

年轻人：毕业了。

高佑思：上大学了？

年轻人：没有，出来工作了。

高佑思：出来工作啊？你刚下班*了吗？

年轻人：对啊。

高佑思：哇，好忙！特别晚！你每天这样下班吗？

年轻人：正常啊。

高佑思：没事儿。我在陪他去换站，去一号线。

年轻人：是很累。

高佑思：你可以跟你*那个这边的老板说休息几天。

年轻人：不用，就是挺忙的。

高佑思：小心。十八岁了，我是94年的，我们都年轻。你也90后啊？你说十八岁，你现在……

年轻人：我98。

高佑思：啊！你这个98年的，还这么年轻。你必须把身体搞好，好吗？

年轻人：好。

高佑思：注意安全啊。

年轻人：拜拜。

高佑思：OK！拜拜！

[8]

高佑思：吓死我了！就是，我害怕……因为当我[刚]工作了一天，就发生这个事情，我会觉得很……我……像这种突然在地铁上摔了或者是身体不好[的情况]，每天都发生吗？

郭芯萌（值班站长）：会有。早晚高峰的时候会比较多。

高佑思：我觉得这是一个可以帮很多人……

郭芯萌：很多你不认识的……然后陌生人。

高佑思：你要上这个（地铁）……去双井，然后直接在双井[下车]。

乘　客：洗手间在哪儿？

高佑思：洗手间就在这边。上去之后往右拐就是一号线。

词　汇

[5]

胸牌	xiōngpái	[n.]		badge
为人民服务	wèi rénmín fúwù			Serve the people.
站稳扶好	zhànwěn fúhǎo			stand firm and hold the handrail (扶[5级])
抓好	zhuāhǎo			hold tight
扶手	fúshǒu	[n.]		handrail
注意脚下安全	zhùyì jiǎoxià ānquán			Pay attention to the safety under your feet.

[6]

晕	yūn	[v.]	[6级]	faint
心脏	xīnzàng	[n.]	[6级]	heart
突然间	tūrán jiān			suddenly

对讲机	duìjiǎngjī	[n.]		walkie talkie
下行车头	xiàxíng chētóu			front of the train in the "down" direction (from east to west or from north to south)
什么的	shénmede	[part.]		and so on; and so forth
发车台	fāchētái	[n.]		(lit. dispatch vehicle station) launching room
站起来	zhàn qilai			stand up; rise (起来 [cmp.补语] up)
呼吸	hūxī	[v.]	[4级]	breathe
搀	chān	[v.]	[7-9级]	help someone by the arm

[7]

毕业	bì yè		[4级]	graduate
下班	xià bān		[1级]	go off work
陪	péi	[v.]	[5级]	accompany
老板	lǎobǎn	[n.]	[3级]	boss
90后	jiǔlínghòu	[n.]		people born in the 1990s
必须	bìxū	[aux.]	[2级]	must; have to
身体	shēntǐ	[n.]	[1级]	health; body

[8]

吓死	xiàsǐ			frighten to death (吓 [5级]; 死 [cmp.补语] to the point of death)
发生	fāshēng	[v.]	[3级]	take place

值班	zhí bān		[5级]	be on duty
站长	zhànzhǎng	[n.]		head of a station
早晚	zǎowǎn	[n.]	[6级]	morning and evening
陌生人	mòshēngrén	[n.]		stranger (陌生[7-9级])
拐	guǎi	[v.]	[6级]	change direction

问 题

1. 那位年轻人怎么了?

2. 高佑思是怎么帮那位年轻人的?

3. 高佑思为什么说他"吓死了"?

视频第三段 （9分07秒—14分11秒）

[9]

末班车结束，国贸站闭站 23：40：01

广播：乘客您好，本站今日运营结束了。感谢乘客，请您抓紧时间出站。本站今日运营结束。感谢乘客，请您抓紧时间出站。

当你以为地铁一天的工作结束后，其实工作还未停止。

高佑思：有人吗？我们清站啊。欸，有人吗？Hello？我进去啦，可以吗？好爽！

摄像师：你怎么进来啊？

高佑思：哦……

[10]

清扫道床 00：00：01

高佑思： 今天我们在一起啊！我们一起干啊！Oh my God! 这个像恐怖片的那种。哇！耳机都掉啦？还有这种东西。哦！哦！Oh my God! 是一个外国人的钱包。

李 雪（站区长助理）**：** 是吗？那你想办法联系一下吧。

高佑思： 北京师范大学的学生啊！真的什么都有啊！我觉得可以试着给她打电话。We are coming for you!

电话： 您好，您拨打的号码是空号，请核对后再拨。

高佑思、李雪： 空号？

[11]

消防演习 00：40：00

站务员： 来了！来来！快快快快快！

高佑思： 快跑！快跑！怎么样？

站务员： 你那会儿你要这么喊，你早就晕了！摘了，赶紧摘了，一会儿你晕菜了。

高佑思： 我觉得这个比我想象的累很多。这个你知道有多重吗？我只能这样。头晕了。

[12]

道床早巡视 03：20：00

高佑思： My God！这个很恐怖啊！就我看了某一个……某一些电影，就是……

李　雪： [地铁公司]要求早起运营之前，就是班长得带着一名职工下来做早巡视。确保无遗留物，没有问题，然后呢，综控员才能广播送电。

高佑思： 那我们可以回去吗？

李　雪： 咱们再走一下。行！咱俩走到这儿就可以了！

高佑思： 喔！终于……

李　雪： 因为要求进出站信号机二十米，咱们现在可以往回走啦！一会儿就广播送电啦，然后早点名，咱们该开门运营啦！

高佑思： 哇，这个……

[13]

高佑思： 我觉得我通过这次体验发现，在地铁最重要的是安全。我生活当中*做的任何事情从来没有在一天内关心过那么多人。

郭　萌（国贸站区副站区长）：穿上这身衣服，不仅代表的是你本人，你更大一部分代表的是北京地铁。保证每一名乘客安安全全地到达目的地，这是我们的一份责任。

高佑思： 这份工作真的需要专注，需要坚持。中国一直以来是……算是在全世界最安全的地方之一。我原来觉得可能是因为没有坏人嘛，因为没有人想干[坏]事嘛！不一定，可能是因为你们这样做的工作、背后的努力、背后的这种系统。

郭　萌： 你说的这太好了！然后还有一个就是，你上这个夜班，只是上一半的流程完了，但是明天早上起来，咱们又……

[14]

05：02：50

李　雪： 行！大家精神点儿啊！一会儿刘青你负责开E口的大门和直梯啊，然后吴帅你负责开F口的。来，高佑思，你负责开G口的啊，大门和电梯啊。

高佑思： 我们要开门啦！地铁要开始……运营吗？我现在说不出中文，太累了吧。现在早上五点嘛，我觉得我很久没有见到北京的凌晨五点的样子。开门啦！欢迎坐我们国贸地铁站[的地铁]！

[15]

到2020年，北京地铁总里程数将超过1,000公里，是世界地铁运营里程最长的城市。

12月7日当天，北京地铁所运营的15条线路日客运量为950.47万人次,而以色列的总人口为855万人。

体验过常态化志愿服务和站务员岗位的高佑思,如今加入了已有26万人的北京平安地铁志愿者队伍,在乘车过程中随手做志愿,与北京地铁续写着新的故事。

地铁是一节节车厢,素昧平生的乘客,勾连起我们生活的经过;地铁是一座座站台,兢兢业业的他们,构筑起我们安心的等候。

至于那个钱包……失主取回了钱包。Wilson Sheree Olivene,北京师范大学学生。

请您先下后上,注意安全。

词 汇

[9]

词	拼音	词性	等级	释义
末班车	mòbānchē	[n.]		last scheduled train/bus
今日	jīnrì	[n.]	[5级]	today
未	wèi	[adv.]	[7-9级]	have not yet
停止	tíngzhǐ	[v.]	[3级]	stop
清站	qīng zhàn			clear up the station

[10]

词	拼音	词性	释义
清扫	qīngsǎo	[v.]	tidy up (a room, etc.)
道床	dàochuáng	[n.]	railway road bed

恐怖片	kǒngbùpiàn	[n.]		horror movie (恐怖[7-9级])
耳机	ěrjī	[n.]	[4级]	earphone
都	dōu	[adv.]	[1级]	even
钱包	qiánbāo	[n.]	[1级]	wallet; purse
站区长	zhànqūzhǎng	[n.]		station area head
助理	zhùlǐ	[n.]	[5级]	assistant
北京师范大学	Běijīng Shīfàn Dàxué	[p.n.]		Beijing Normal University
试着	shìzhe			try to
拨打	bōdǎ	[v.]	[6级]	dial
空号	kōnghào	[n.]		non-exist number

[11]

消防	xiāofáng	[v.]	[5级]	fight/prevent fire
演习	yǎnxí	[v.]	[7-9级]	(military) drill
要	yào	[conj.]	[1级]	if
喊	hǎn	[v.]	[2级]	shout
摘	zhāi	[v.]	[5级]	take off
晕菜	yūncài	[v.]		(coll.口语词) feel dizzy
头晕	tóu yūn		[7-9级]	feel dizzy (晕[6级])

[12]

巡视	xúnshì	[v.]		make an inspection tour

某	mǒu	[pron.]	[3级]	certain
早起	zǎo qǐ			get up early
班长	bānzhǎng	[n.]	[2级]	team leader
职工	zhígōng	[n.]	[3级]	staff
确保	quèbǎo	[v.]	[3级]	ensure
无	wú	[v.]	[4级]	not have; there is not
遗留物	yíliúwù	[n.]		remaining items (遗留 [7-9级])
综控员	zōngkòngyuán	[n.]		comprehensive controller
送电	sòng diàn			transmit power
咱们	zánmen	[pron.]	[2级]	we; you and I
进站信号机	jìnzhàn xìnhàojī			(lit. enter station signal machine) home signal
出站信号机	chūzhàn xìnhàojī			(lit. exit station signal machine) starting signal
点名	diǎn míng		[4级]	call the roll
开门	kāi mén			open a door; begin a day's business (of a store)

[13]

当中	dāngzhōng	[n.]	[3级]	in the middle
副	fù	[adj.]	[6级]	deputy; vice; secondary
穿上	chuānshang		[4级]	put on (cloth, etc.)
身	shēn	[m.]		(for suits of clothing)
代表	dàibiǎo	[v.]	[3级]	represent

本人	běnrén	[pron.]	[5级]	oneself
安安全全	ān'ānquánquán			safely (the two-syllable adjective 安全 is reduplicated to enhance the descriptive feeling of the adjective and is used as an adverb)
目的地	mùdìdì	[n.]	[7-9级]	destination (目的[2级])
责任	zérèn	[n.]	[3级]	responsibility
专注	zhuānzhù	[adj.]	[7-9级]	concentrated
坚持	jiānchí	[v.]	[3级]	persist in; insist on
以来	yǐlái	[n.]	[3级]	since
坏人	huàirén	[n.]	[2级]	evildoer
背后	bèihòu	[n.]	[3级]	behind the back
系统	xìtǒng	[n.]	[4级]	system

[14]

精神	jīngshen	[adj.]	[3级]	animated
大门	dàmén	[n.]	[2级]	main entrance/door/gate
直梯	zhítī	[n.]		escalator/lift
样子	yàngzi	[n.]	[2级]	appearance

[15]

里程	lǐchéng	[n.]		mileage
当天	dāngtiān	[n.]	[6级]	that very day
线路	xiànlù	[n.]	[6级]	line; route

客运	kèyùn	[n.]	[7-9级]	passenger traffic
量	liàng	[n.]	[4级]	quantity; amount
为	wéi	[v.]	[3级]	是
人次	réncì	[m.]	[7-9级]	man-times
人口	rénkǒu	[n.]	[2级]	population
常态	chángtài	[n.]	[7-9级]	normality
化	huà	[suf.]	[3级]	-ize
岗位	gǎngwèi	[n.]	[6级]	position
如今	rújīn	[n.]	[4级]	nowadays
加入	jiārù	[v.]	[4级]	join
队伍	duìwu	[n.]	[6级]	team
乘车	chéng chē		[5级]	take a bus/train (乘 [5级])
过程	guòchéng	[n.]	[3级]	process
随手	suíshǒu	[adv.]	[4级]	conveniently; without extra trouble
续	xù	[v.]	[7-9级]	continue
节	jié	[m.]	[2级]	part; section
车厢	chēxiāng	[n.]	[7-9级]	subway carriage
素昧平生	sùmèi-píngshēng			have never met before (昧 hidden; 平生 all one's life)
勾连	gōulián	[v.]		unite; connect
起	qǐ	[v.]	[1级]	(with sense of "up")
经过	jīngguò	[n.]	[2级]	process; course
座	zuò	[m.]	[2级]	(for platforms, bridges, mountains)

站台	zhàntái	[n.]	[6级]	railway platform
兢兢业业	jīngjīngyèyè	[adj.]	[7-9级]	(lit. cautious and anxious) cautious and attentive; careful and conscientious
构筑	gòuzhù	[v.]		construct
安心	ānxīn	[adj.]	[7-9级]	be relieved
等候	děnghòu	[v.]	[5级]	wait; await
至于	zhìyú	[prep.]	[6级]	as for; in terms of
失主	shīzhǔ	[n.]		owner of lost item
取回	qǔhuí			take back; get back

问 题

1. 运营结束以后，高佑思还参与了哪些工作？

2. 地铁工作人员的责任是什么？

3. 通过这次体验，高佑思有什么想法？

小调查

在网上查一下，课文中出现过的地铁站在北京什么位置。北京有哪些地铁线路，可以到什么地方？

PART 3
第三部分

准备内容
学习语言点，熟读例句。

课堂活动
讨论语言点，脱稿表演情境例句。

语言点

1 赶着 gǎnzhe

用来表达为了不耽误时间加快行动，VP是行动的目的。

S＋赶着＋VP

This pattern expresses that someone is "in a hurry" to do something. The verb phrase indicates the purpose of the action.

S＋gǎnzhe＋VP

[1] 高佑思：他们都 *赶紧[赶着]要上班，我为什么要他们慢点儿走？

（1）室友A：你今天怎么那么早就起床了？

室友B：今天早上有课，我赶着去上课呢。

（2）春节快到了，全国各地的人都赶着回家。

（3）朋友A：今天先说到这儿吧，我还要赶着出门。

朋友B：好的，下次有空儿再聊。

（4）老同学A：我得走了，还要赶着坐最后一班地铁。

老同学B：我开车送你回去吧。

2　比较：反复—重复　fǎnfù—chóngfù

反复和**重复**都有"不止一次"的意思，但主要区别是：

反复可作副词，也可作动词。课文中是副词，用在动词前面，意思是一次又一次重复同一个动作或行为，强调重复多次，不一定完全照原样，可以伴随程度加深或加重。**反复**可重叠为**反反复复**。

重复是动词，意思是又一次做同样的事情，可以用于两次，也可以用于多次。

Fǎnfù and **chóngfù** both express "more than once", but they work differently.

Fǎnfù is both an adverb and a verb. In the text it is an adverb which emphasizes doing an action for multiple times. Every time the action may or may not be the same, and the action may be conducted more thoroughly. The reduplicated form is **fǎnfǎnfùfù**.

Chóngfù is a verb that means to do the same action twice or more than twice.

[2] 高佑思：早高峰这个人多啊，而且我做的事情很少，感觉都是反复做一样的事情。

[3] 高佑思：刚开始遇上河南来的这一家的时候，我还以为这不过又是一次重复的志愿者工作。

（1）同学A：你再给我解释一下这个问题吧。

同学B：我已经反复解释三次了，你怎么还没懂啊？

（2）室友A：我已经不发烧了。

室友B：再吃一片药吧，发烧容易反复。

（3）外国学生："天伦之路"是什么意思？那位阿姨重复了三遍我也没懂。

中国朋友：不是"天伦之路"，是"天伦之乐"。

（4）主任：这句话和前面重复了，可以删掉。

秘书：好的，没问题。

（5）朋友A：你为什么决定卖秋裤？

朋友B：我们反反复复讨论了很多次，觉得秋裤每个人都会需要。

（6）经理：这次没关系，以后不要重复一样的错误了。

实习生：真对不起，下次我一定小心。

3 不过 búguò

不过作副词，用来表达仅仅；指明范围，把事情往小里或轻里说。前后常常有说明或解释的话。在**不过**的前面常加**只**。

I. S+（只）**不过**+是+NP

II. S+（只）**不过**+是+数量短语

III. S+（只）**不过**+（是）+VP

Búguò is an adverb here expressing that something is merely what it is and that's all. It is like saying "it's nothing more than...". Zhǐ often precedes búguò.

I. S+(zhǐ) búguò+shì+NP

II. S+(zhǐ) búguò+shì+Quantity Phrase

III. S+(zhǐ) búguò+(shì)+VP

[3] 高佑思：刚开始遇上河南来的这一家的时候，我还以为这不过又是一次重复的志愿者工作。

（1）朋友A：我男朋友说他最近很忙，没时间跟我一起看电影了。

朋友B：我觉得这（只）不过是他的借口。

（2）同事A：你知道吗？小王的儿子要考大学了。

同事B：小王看起来（只）不过四十岁左右，孩子已经那么大了？

（3）妻子：你怎么又要买电脑了？

丈夫：我只不过（是）先看看，还没想好要不要买。

（4）同学A：我功课晚交了五分钟，老师会不会收啊？

同学B：只不过晚了五分钟，我想应该没关系。

4　比较：帮—帮忙—帮助　bāng—bāng máng—bāngzhù

你已经学了三种"帮"的说法：**帮**（第1课第3段）、**帮忙**（第3课第7段）、**帮助**（第4课第3段）。

帮是动词，多用于进行具体的帮助，后面可加宾语。在请求、希望的祈使句中，多重叠使用（即**帮帮**）或在后面加**一下**，表示礼貌、客气的请求语气。常用在口语中。

帮助可以用作动词或名词，作动词时后面可加宾语。**帮助**作名词，可以是物质上的帮助，也可以是精神上的帮助，比**帮**更正式。可以与**在……下**组合（即**在……的帮助下**），作句子的状语。其重叠形式是**帮助帮助**。

帮忙是离合词，内部是动宾结构，因此后边不能再加宾语。**帮**和**忙**的中间可以插入其他成分，如**帮（一）个忙**、**帮我的忙**、**帮了大忙**。其重叠形式是**帮帮忙**。

You've now been exposed to three ways to say "help": **bāng** (L1-3), **bāng máng** (L3-7), and **bāngzhù** (L4-3).

Bāng functions as a verb. It literally means "help", in fact, it often means "do something for someone". It can take an object. In imperative sentences, **bāng** can be repeated (i.e., **bāngbāng**) or be followed by **yíxià** to make the action sound less abrupt, and show a more polite tone toward the listener. It is used colloquially.

Bāngzhù can function either as a verb or a noun and is more official than **bāng**. It can also be used with **zài ⋯⋯ xià** (i.e., **zài ⋯⋯ de bāngzhù xià** "with the help of…") as an adverbial of a sentence. The repeated form is **bāngzhù bāngzhù**.

Bāng máng is a separable verb-object compound, and so you cannot use noun or pronoun objects after **bāng máng**. Since **bāng máng** is a separable verb, you can insert other elements between the **bāng** and the **máng** to make such phrases as **bāng (yí) ge máng**, **bāng wǒ de máng**, **bāng le dà máng**. **Máng** means "favor" here more than it means "busy". The repeated form is **bāngbāng máng**.

L1 [3] 高佑思：用餐愉快！可以帮我对一下菜吧？

L3 [7] 高佑思：我想帮忙，但是我在美国嘛，这里事儿比较多，忙不过来。

L4 [3] 高佑思：哇哦！像刚才那样，为了能够帮助别人完成他们的故事，完成他们的行程。

（1）你可以帮我一下吗？

（2）这事儿你能不能帮帮我？

（3）我最近遇上点儿麻烦，想拜托你帮个忙。

（4）你帮了我大忙了，太谢谢了！

（5）这件事儿很难办，我也帮不了忙。

（6）李老师，谢谢您的帮助！

（7）非常感谢您这几个星期给我的帮助。

（8）谢谢你帮（助）我学习汉语！

5　都　dōu

都是副词，表示"甚至"，用来强调比较让人惊讶的信息。

Dōu is an adverb and used similarly to how "even" is used in English and can emphasize certain surprising pieces of information.

[10] 高佑思：哇！耳机都掉啦？

（1）妈妈：你都快三十了，怎么还不找个女朋友啊？

儿子：房价那么贵，到哪里去找女朋友啊。

（2）丈夫：晚饭快做好了。

妻子：太好了，我今天忙得一口饭都没吃。

（3）同事A：主任对实习生太凶了吧。

同事B：是啊，我刚才去卫生间，看到小王都哭了。

6 晕菜　yūncài

晕菜原是北京方言词,现在是网络流行语,意思是"晕、搞糊涂"。**菜**没有什么实际意义。

Yūncài, originally a Beijing topolect meaning "screwed", is now used frequently on the Internet meaning to "faint, feel dizzy, get confused, be overwhelmed". **Cài** is a meaningless suffix.

[11] 站务员:摘了,赶紧摘了,一会儿你晕菜了。

　　　高佑思:我觉得这个比我想象的累很多。

(1) 朋友A:好久不见,最近怎么样啊?

　　　朋友B:哎,这几个月我真是忙得晕菜了。

(2) 同事A:看下邮箱,今天老板又安排工作了,下班以前做完。

　　　同事B:昨天的那个还没做完呢。晕菜!

(3) 同学A:我真的很晕菜,考试为什么那么难?

　　　同学B:别担心,这次大家都做得不太好。

7 一直以来　yìzhí yǐlái

以来表示从过去某个时间或事件直到现在。**一直以来**表示从过去到现在动作始终不间断或状态始终不变。

Yìzhí expresses "all along" while **yǐlái** expresses "ever since" a specific time or event in the past, and so **yìzhí yǐlái** can mean "has long been".

[13] 高佑思:中国一直以来是……算是在全世界最安全的地方之一。

(1) 中国一直以来都是农业大国。

(2) 我们公司一直以来十分重视海外业务的发展。

(3) 我一直以来都是一个人,从来没想过要找什么男朋友。

练 习

一、填空

| 帮 | 以为 | 抓紧 | 帮忙 | 代表 | 从来 | 反复 |
| 重复 | 毕业 | 本人 | 确保 | 帮助 | 任何 |

1. 朋友A：今天晚上请你吃北京烤鸭，怎么样？
   朋友B：好啊！我到中国后还_____没吃过北京烤鸭呢。

2. 朋友A：好久不见，你现在在哪里工作？
   朋友B：我还没工作，明年才_____。

3. 同事A：你好，我是新来的小刘。
   同事B：你好，我是小王。你有_____不明白的问题，都可以问我。

4. 朋友A：你们家怎么就你一个人过来了？其他人呢？
   朋友B：我老婆今天上班，孩子有课。我_____我们全家祝你新婚快乐。

5. 同学A：玛丽那首歌唱得怎么样了？
   同学B：放心吧，她为了明天的表演已经_____练习了几十遍了。

6. 经理：大家要仔细一些，要_____产品质量。
   员工：没问题，您放心，我们一定会注意的。

7. 朋友A：你怎么和男朋友分手了？
   朋友B：我_____他很爱我，谁知道他爱的只是钱。

8. 朋友A：这个舞有点儿难，你再_____一下刚才的动作，好吗？
   朋友B：好的，这次我会跳得慢一点儿。

9. 学生：老师，考试几点结束？
   老师：四点，还有五分钟，请大家_____时间。

10. 乘客：您好！我可以帮朋友买火车票吗？
    工作人员：可以的，只要您有他_____的身份证或护照就可以。

11. 老师：小李，你可以_____我一个_____吗？_____我把这些书搬走，好吗？

　　小李：好的，老师。您要我搬到哪儿啊？

12. 杰克：小莉，谢谢你一直以来对我的_____！回国后，我会想你的。

　　小莉：我也会想你，我们在微信上多联系！

二、配对

1. 教授，您现在有空儿吗？我有事儿想找您。
2. 那部新电影真的像大家说的那样不好看吗？
3. 你看起来真年轻，你是00后吗？
4. 听说你去年在农村待了一年？
5. 请问，怎么付钱？
6. 这篇课文看起来好难啊！
7. 你怎么了？没事儿吧？
8. 你弟弟汉语说得怎么样？
9. 你在哪儿呢？我们在等你开会呢。
10. 你能帮我介绍一个女朋友吗？

A. 哪里，我是90后。
B. 它只不过是有点儿长，其实一点儿也不难。
C. 很简单，在这儿刷一下脸就行了。
D. 吓死我了，刚才有人突然晕倒了。
E. 我昨天看了，我觉得还是挺好看的。
F. 他说得比我都好。
G. 我要出差，现在赶着去机场，有什么事儿等我回来再说吧。
H. 不好意思，我还以为是明天呢，好的，我马上过来。
I. 是的，因为我想写一本关于农村的书，所以去农村体验了一下生活。
H. 不好意思，这个忙我恐怕帮不了。

三、完成对话

1. 朋友：佑思，你为什么拍摄"别见外"视频？

　　高佑思：因为_____。（体验）

2. 朋友A：你去哪儿？怎么这么急？

　　朋友B：马上九点了，我要_____。（赶着+VP）

3. 乘客：这是我第一次坐地铁，请问，怎么付钱？

　　工作人员：您好，您只需要_____。（刷）

4. 妈妈：你怎么回来了？

　　孩子：我_____。（以为……）

5. 员工A：_____，经理为什么那么生气？（只不过……）

　　员工B：今天大老板来了，你不应该迟到。

6. 乘客A：我今年60岁了，已经算是老人了。

　　乘客B：哪里，你看起来_____。（还是……）

7. 妈妈：快去洗手，晚饭马上就好了。

　　孩子：太好了，我_____。（都；Adj.＋死）

8. 我很喜欢她，_____。（却）

9. 朋友A：你需要我帮什么忙吗？

　　朋友B：_____。（帮）

PART 3 第三部分

准备内容
熟读视频文本,准备情境重现及口头叙述,尽量脱稿表演。

课堂活动
老师引导学生轮流进行情境重现及口头叙述,老师及时给予反馈。

情境重现

老师与学生(或学生与学生)根据提示,合理表演视频里的情境。

1. 帮助一家从郑州来的乘客去天安门,了解一下他们家的情况。
2. 帮助一位晕了的年轻人,了解他的生活。
3. 给去不同地方的乘客指路。
4. 跟工作人员一起完成一天的工作。

口头叙述

学生用自己的话,从不同的角度来复述视频里的故事。

1. 从晕了的年轻人的角度,谈谈自己在地铁站受到老外志愿者帮助的故事。
2. 从郑州乘客的角度,说说自己一家到北京的经历。
3. 从一位地铁工作人员的角度,聊聊老外志愿者的工作情况,还有你的评价。
4. 从其他志愿者的角度,说说跟老外志愿者一起工作的情况,还有自己的志愿工作。

PART 4
第四部分

准备内容
重看视频,根据视频话题准备问题,学习主持讨论的表达,准备课堂讨论。

课堂活动
学生轮流担任主持人,带领全班同学一起讨论。

跨文化访谈

如果课后邀请视频中的人物进行访谈,主持人可以问哪些问题,这些人物会怎么回答?请老师、同学们组织一次访谈,聊聊视频中的体验和想法。也请观众回答一些问题。以下的访谈提纲供师生选择使用。鼓励学生自己准备访谈问题,并邀请视频中其他人物加入访谈。

高佑思:
1. 你做志愿者主要做了哪些工作?
2. 你觉得做志愿者最困难的工作是什么?
3. 有没有遇到什么困难?解决了吗?是怎么解决的?

年轻人:
1. 你那天是因为什么晕了?
2. 地铁站的工作人员是怎么帮你的?
3. 你现在做什么工作?以后有什么计划吗?

郑州乘客：

1. 你们为什么会选择来北京？
2. 你们后来去了北京哪些地方？你父亲有什么感受？
3. 这位老外志愿者是怎么帮助你们的？你们对他有什么评价吗？

观众：

1. 你觉得高佑思做志愿者表现得怎么样？为什么？
2. 你觉得他什么地方可以做得更好？你会给一些什么建议？
3. 你们国家有没有地铁志愿者，或者是其他志愿者工作？

PART 5
第五部分

📋 准备内容

根据课外实践要求，出门做任务，写下笔记，准备口头报告。

👥 课堂活动

学生轮流进行口头报告，欢迎同学和老师提问，老师给予反馈。

💻 课外实践

你注意过地铁站的工作人员吗？如果没有的话，去地铁站看一看，找一个合适的机会跟他们聊聊天儿，或者观察一下，看看他们都做哪些工作。找机会问一问，你有没有做志愿者的机会？也许你也可以像高佑思一样在地铁站帮助别人。选择一个你感兴趣的话题，准备一个报告，跟老师、同学们交流一下收获。

☕ 文化拓展

▲ 为什么中国人喜欢乘坐公共交通？

中国人喜欢使用公共交通主要有以下原因。首先，中国的公共交通系统比较完善。基本上每个城市都有一百条以上的公交车线路，而且只需等待几分钟就能坐到公交车，很多城市还有地铁、轻轨。其次，2019年全国已有汽车2.6亿辆，私家车越来越多使早、晚高峰期间的道路更加拥堵，而地铁、轻轨则不会受到影响。再次，私家车的加油、停车、维护成本对普通人来说也比较高，而公共交通只需几元钱。最后，绿色出行方式近年非常流行，一部分人选择了P+R（停车+

换乘）的出行方式。越来越多的人更愿意选择共享单车这种既环保又健康的出行方式。

Why Do Chinese People Like Public Transportation?

Several reasons explain why Chinese people like public transportation. First, China has a comprehensive public transportation network. Almost every city has more than one hundred bus lines, and buses come frequently so people only need to wait a few minutes at the bus station to get on a bus. Lots of cities also offer subways and light rails. Second, the ever-increasing number of privately owned vehicles (260 million nationwide by 2019) has worsened the traffic during rush hours. However, public transportation such as subways and light rails are not affected by traffic, making them more reliable options for commuters. Third, the cost of driving privately owned vehicles (e.g., gas, parking, maintenance) is higher than public transportation, whereas public transportation methods only charge a few yuan per trip. Lastly, environmentally-friendly commuting methods have become more popular in recent years. Some people have chosen to P+R (Park and Ride), driving to a public transit station, parking there, and taking the subway to their final destination. More and more people are also willing to use bike-sharing programs, which reduces pollution and promotes healthy exercise.

LIÈCHĒ SHANG DE SĀNSHÍYĪ XIǍOSHÍ

列车上的31小时

第 5 课

导　语

　　春节，即农历新年，是中国最重要的传统节日。"春运"是"春节运输"的简称，指从农历腊月十五日到正月二十五日（即春节前后）这段时间里规模浩大的全国性交通运输。2019年1月21日至3月1日，全国铁路、道路、水路、民航累计发送旅客29.8亿人次，其中铁路累计发送旅客4.1亿人次。无论相隔距离多远，都阻挡不了中国人在春节期间与家人团聚的愿望。

　　人们都说，"春运"期间在火车上工作的列车员是最辛苦的，因为只有把旅客们平安送回家以后，他们才能回家过春节。在春运期间当列车员是什么体验？我们跟着高佑思去体验一下吧。

　　Spring Festival (or Chinese New Year) is the most important traditional holiday in China. "Chūnyùn" is a short form of "Chūnjié yùnshū" (Spring Festival Transportation), which refers to the large nationwide human migration beginning 15 days ahead of the Spring Festival and ending 25 days after. From January 21 to March 1, 2019, 2.98 billion trips in total were made by rail, automobile, sea, and air combined. Of those trips, 410 million were railway trips. Regardless of the distance, the Chinese people's desire to reunite with their families during the Spring Festival cannot be stopped.

　　It is commonly agreed that the train conductors do the most laborious job during this period, because they must manage this immense migration and can't return home until all the passengers safely arrive home. What is it like to be a train conductor during the period of "Chūnyùn"? Let's check it out with Gao Yousi!

PART 1
第一部分

准备内容

1. 观看视频，对照文本和词语，思考问题。
2. 自己准备几个问题（语言和文化都准备几个）。

课堂活动

1. 学生提问，其他同学和老师回答。
2. 老师对学生进行提问。

视频第一段 （0分45秒—5分13秒）

[1]

2月3日傍晚 北京铁路局车辆段

列车员：看着，看着下面啊！走，往这边走！

高佑思： 欸，我是这周专门开始接受当列车员的培训。有一个老师带我，两天的，非常认真地，每天上8个小时的课，内容都是关于各个安全措施以及专业知识，都是用中文的，所以有一个……[学起来]还是有点儿困难。不过最后还有一个考试，是一个比较严格的考试，然后我最后得了九十多分。这个是来自*于我对"春运"这个东西的兴趣。我是一位外国人，*所以我在中国生活，但是我家人*也是离这里很远。我们准备从北京出发，一直到武昌。这一次我专门来帮忙，跟着大家，一起服务所有回家的乘客。

[2]

2月3日夜晚，北京西站

广　播： 在站台上，注意车厢与站台之间的空隙……

乘　客： 12车在这儿吗？

高佑思： 12车在这儿啊。OK，已经查了，往左拐啊。这个是17车。

列车员： 17车您是卧铺，您去17车呗。

乘　客： 我要跟孩子合着（一张软卧、一张硬卧）。

列车员： 哦！您们就准备一块儿都上这儿了？

乘　客： 对对对！

列车员： 那可以可以！

高佑思： 12车……没问题。12车吗？请排队。啊，回家吗？欸，小心！Hello! 他有小孩子，没有票。没问题，没问题。检了吗？检了。人特别多。能感受到那个回家的气氛。排队！稍等！一个一个来！注意安全啊！已经看票了吗？小心小心！欸！你们……你包！欸欸。

[3]

高佑思： 回家？

乘　客： 回家！

高佑思： 回哪里？

乘　客： 孝感。

高佑思： 我今天是你的列车员，有需要什么帮忙的你可以找我。

乘　客： 你志愿者啊？

高佑思： 对！列车员。

乘　客： 哪个国家的？

高佑思： 以色列的。欸，慢一点儿啊。那我把你的东西……？

乘　客： 放下面。

高佑思： 放上面没问题。

乘　客： 没问题，谢谢你啊。

高佑思： 没问题。

[4]

广播：这趟列车是由北京西开往武昌方向去的Z4177①次旅客列车，全程路长1225千米。列车需要运行12小时35分……

高佑思：我来，我来，我来。

乘　客：然后把书包再放这儿。

高佑思：OK! OK! 好！你可以先坐，先坐。

高佑思：这边跟乘客有点儿陌生，他们就看我一眼，他们都保持那种……我无所谓啦！就是，只要我上这个车，我就……我就好开心！

[5]

乘　客：来一根吧！

高佑思：我不能，我不能！不允许。不能抽烟。回家吗？

乘　客：走亲戚。

高佑思：啊？

乘　客：走亲戚，不回老家。

高佑思：你去看……？

乘　客：我的女儿。（她）今年刚去湖北。

高佑思：那你在北京做什么？

乘　客：我嘛，在北京做小生意。

---

① "Z"读"zhí"，意为"直（达）"，nonstop。

高佑思: 做小生意,太好了!

乘　客: 不好。

高佑思: 不好?为什么不好?

乘　客: 太累!

高佑思: 还是老家好。

乘　客: 对!老家没有压力,在北京有压力。

高佑思: 那你希望你女儿有一天来北京还是多在家里待着?

乘　客: 我女儿在……希望在老家。

高佑思: 希望在老家,不要那么辛苦。

[6]

2月4日凌晨,列车抵达石家庄站

高佑思: 往左拐。看一下。你去年回家了吗?

崔元甲(列车员)**:** 去年……去年是我上班以来第一年回家过的年。

高佑思: 哇喔!比如说2月15号还有车走吗?

崔元甲: 有啊。

高佑思: 如果你错过(年)初一,你会感觉怎么样?

崔元甲: 太正常了,都习惯了。

词 汇

[1]

傍晚	bàngwǎn	[n.]	[6级]	night fall
北京铁路局	Běijīng Tiělùjú	[p.n.]		Beijing Railway Administration
车辆	chēliàng	[n.]	[2级]	vehicle
段	duàn	[n.]	[2级]	section; segment
列车员	lièchēyuán	[n.]		train conductor
接受	jiēshòu	[v.]	[2级]	receive
培训	péixùn	[v.]	[4级]	train
带	dài	[v.]	[2级]	guide, lead
内容	nèiróng	[n.]	[3级]	content
各个	gègè	[pron.]	[4级]	every
措施	cuòshī	[n.]	[4级]	measure
以及	yǐjí	[conj.]	[4级]	as well as; along with; and
知识	zhīshi	[n.]	[1级]	knowledge
严格	yángé	[adj.]	[4级]	strict
得（分）	dé(fēn)	[v.]	[3级]	score (points)
春运	chūnyùn	[n.]		increased transport for the Spring Festival
武昌	Wǔchāng	[p.n.]		Wuchang (district of Wuhan in Hubei Province)

[2]

夜晚	yèwǎn	[n.]	[7-9级]	evening; night
空隙	kòngxì	[n.]	[7-9级]	gap
卧铺	wòpù	[n.]	[6级]	sleeper
合着	hézhe			all together
软卧	ruǎnwò	[n.]		soft sleeper
硬卧	yìngwò	[n.]		hard sleeper
排队	pái duì		[2级]	stand in line
感受	gǎnshòu	[v.]	[3级]	experience; feel
气氛	qìfēn	[n.]	[6级]	atmosphere; ambience
来	lái	[v.]		(a verb substitute for other verbs with more specific meanings, which in this case is 检票)

[3]

孝感	Xiàogǎn	[p.n.]		Xiaogan (in Hubei Province)

[4]

趟	tàng	[m.]	[6级]	(for scheduled trips or runs)
由	yóu	[prep.]	[3级]	from
方向	fāngxiàng	[n.]	[2级]	direction
旅客	lǚkè	[n.]	[2级]	passenger; traveller
全程	quánchéng	[n.]	[7-9级]	whole journey

千米	qiānmǐ	[m.]		kilometer
运行	yùnxíng	[v.]	[5级]	move; be in motion
眼	yǎn	[m.]	[2级]	look; glance
无所谓	wúsuǒwèi	[v.]	[4级]	be indifferent; not matter
只要	zhǐyào	[conj.]	[2级]	as long as

── [5] ──

根	gēn	[m.]	[4级]	(for slender objects, e.g., chopsticks, hairs, straws, matches, bones)
允许	yǔnxǔ	[v.]	[6级]	permit
抽烟	chōu yān		[4级]	smoke (a cigarette/pipe)
走亲戚	zǒu qīnqi			visit relatives (亲戚 [7-9级])
老家	lǎojiā	[n.]	[4级]	native place; one's original home
湖北	Húběi	[p.n.]		Hubei Province
生意	shēngyi	[n.]	[3级]	business
压力	yālì	[n.]	[3级]	pressure

── [6] ──

石家庄	Shíjiāzhuāng	[p.n.]		Shijiazhuang (capital of Hebei Province)
错过	cuòguò	[v.]	[6级]	miss; let slip
年初一	nián chūyī			the first day of Spring Festival

问 题

1. 高佑思这次体验的是什么样的工作？接受的是什么样的培训？

2. 高佑思具体的工作是什么？他遇到了哪些乘客？

3. 列车员的生活跟别人的有什么不一样？

视频第二段 （5分13秒—9分04秒）

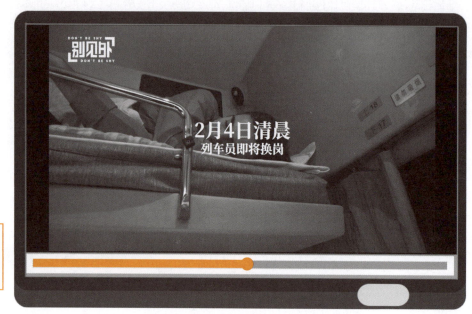

[7]

2月4日清晨 列车员即将换岗

高佑思：我们可能一直到今天凌晨[都]没办法再睡觉，是吧？睡了多久啊，刚才？

摄像师：四个小时，四个小时。

高佑思：OK！现在六点半吗？大家都还在睡觉。

崔元甲：快到漯河了。

高佑思：大概还有半个小时，好像。

崔元甲：这站……这站差不多，后面人就都醒了。

高佑思：你回家吗？你会要……你要红包？

乘　客：要不要红包？

小男孩儿：要！

高佑思：恭喜发财！

[8]

高佑思：You are going home now, right?

乘　客：Yeah!

高佑思：So, I wanna be part of this...

乘　客：First, the most difficult thing is to catch the tickets.

高佑思：Yes, is it! Did you use a long time to catch it?

乘　客：I think every year it's the most difficult.

高佑思：But you are lucky, you got it.

乘　客：Yeah! I'm lucky!

高佑思：How many tickets?

乘　客：Two. I and my daughter.

高佑思：Your daughter? 你在家里会做什么？

小女孩儿：当然就是跟妈妈回去，然后写写寒假作业啦。

高佑思：太好了！这才是好女孩儿！不要玩儿游戏吗？

乘　客：This is Chinese daughter. This is Chinese girl.

[9]

高佑思：就有点儿想到我自己回以色列的感觉。

摄像师：那你回以色列怎么回啊？

高佑思：我回以色列还是不一样吧，还是坐飞机。但是，回家那种事情是，每次你到家，尤其是那么远的家……就……这种感觉呢，很难形容。

摄像师：看着他们回家，你想家吗？

高佑思：有一点儿。

乘　客：快到了！马上就到了！

高佑思：我……我已经……哎呀！嗯……我真的已经十年没有在犹太新年回家，我都是在中国过的。对！看你们回家真开心。

[10]

高佑思：还有15分钟到孝感。对！还有15分钟。大家准备一下。对！也可以先把你们的东西[拿下来]。

乘　客：我来，我来，我来！

高佑思：没事儿，没事儿，没事儿，OK！

乘　客：谢谢。

高佑思：好重。

广　播：在您即将告别我们列车时，请允许我代表列车全体工作人员，对您一路上给予我们工作上的关心和支持，表示衷心的感谢。

乘　客：拜拜。

高佑思：拜拜。希望您回家愉快。欸！注意安全！拜拜，大家。春节快乐！好啊！一定会去！一定会来！春节快乐！Give me five! 拜拜，老奶奶。春节快乐！

2月4日中午 抵达终点站武昌

高佑思：好，开始……Cleaning!

词 汇

[7]

清晨	qīngchén	[n.]	[5级]	early morning
换岗	huàn gǎng			change shift; relieve a guard
漯河	Luòhé	[p.n.]		Luohe (in Henan Province)
好像	hǎoxiàng	[adv.]	[2级]	seem
醒	xǐng	[v.]	[4级]	wake up
红包	hóngbāo	[n.]	[4级]	red paper envelope with gift money
恭喜发财	gōngxǐ fācái			(lit. Wishing you to make lots of money) May you be happy and prosperous. (New Year's greeting)
发财	fā cái		[7-9级]	get rich

[8]

| 寒假 | hánjià | [n.] | [4级] | winter break |

[9]

形容	xíngróng	[v.]	[4级]	describe
哎呀	āiyā	[intj.]	[7-9级]	(of wonder/admiration/shock)

[10]

告别	gàobié	[v.]	[3级]	bid farewell to
时	shí	[n.]	[3级]	time (when)
全体	quántǐ	[n.]	[2级]	whole body
一路上	yílù shang		[6级]	all the way; throughout the journey
给予	jǐyǔ	[v.]	[6级]	give to (usually with abstract nouns as direct object)
支持	zhīchí	[n.]	[3级]	support
表示	biǎoshì	[v.]	[2级]	show; express; indicate
衷心	zhōngxīn	[adj.]	[7-9级]	heartfelt; sincere
终点	zhōngdiǎn	[n.]	[5级]	terminal point; destination

问题

1. 春运对乘客来说，最难的是什么？

2. 春节的时候，孩子都做些什么事儿？

3. 高佑思为什么想到了以色列？

视频第三段 （9分04秒—12分58秒）

[11]

2月4日下午 武昌—北京

Z4177次为春运加开临客，以单向大客流为主，返程的乘客较少，工作人员的压力也小了一点儿。

高佑思： 火车这么快，安全这么重要，而我们只有在这里站着，服务人家。不过我的中文不好……

崔元甲： 走，Raz，吃饭去了。

高佑思： 我想吃饭。

崔元甲： 走啦！

高佑思： 不过我肚子有点儿疼。这里面几句话我印象最深刻的是"喝茶泡面打开水"。我觉得外国人只有来到中国以后才会理解泡面的重要性。

[12]

陶　涛（餐车长）：现在条件好多了，以前那时候硬座，那人更多。都是超员，过道里都是人。

高佑思：那你们怎么走过去？走不动？

陶　涛：对！那就跟打仗似的，就往过挤①，一路挤过来。你像我这胖，更不好挤。我一般就在队伍前面给大家杀出一条血路，他们跟着我走就好走了。

高佑思：厉害！

陶　涛：这都是加开的！这人多嘛，咱都得把人送回家过年嘛！

高佑思：人太多，对……

为缓解春运期间的旅客运输压力，北京铁路局团委每年都会从各基层站段选拔团干部及优秀团员，组建一支乘务队伍，值乘"共青团号"列车。

陶　涛：（列车员）出来了，*可能家里的事儿可能会顾不上，但是来这儿了又是一个集体，又是一个氛围。大家这个环境特别好，有时候有什么事儿大家也能商量着，挺高兴。因为这就相当于有这个机会聚在一起，因为平时都分在各个单位，有时候见也见不上面儿。

高佑思：这里气氛真好！"共青团号"伴您回家。高佑思伴您回家。

---

① 往过挤：陕西等北方地区方言，意思是"往那边挤"。

[13]

2月5日凌晨 抵达北京

高佑思： 后会有期，是吧？

崔元甲： 后会有期。

高佑思： 朋友。

崔元甲： 好了，我得上去了。

高佑思： 好啦，你先上去啊。You will see me again.

崔元甲： 拜拜。

高佑思： 三十一个小时，在这个车上，基本上没有休息。[通过]这次体验，*可以说很多我有很多话想说。这个中国人口流动那么大，春运那么厉害……可以说很多很多*话[感受]。但是其实我跟你说实话，（这次）我最珍贵的体验是……真正地感受到我有多想家，所以我想跟我的奶奶、我的爷爷、我的外公、我的外婆、我的朋友们、我的大家庭，想跟你们说，我也会回家，我也会跟你们一起过年。

[14]

2018年春运期间，全国铁路预计发送旅客3.9亿人次，日均发送955万人次。今年春运，将在火车上度过的铁路工作人员，预计超过200万人次。

过年的时候，攥着车票，踏上列车的我们，会有一种获得归属的心安。一趟趟列车，起点与终点之间的折返，除夕与新年夜晚的灯盏，谢谢他们的成全。

高佑思说，崔元甲已经习惯了在火车上过年的感觉。匆匆的我们，也对他们的存在习以为常，请多记得他们的"习惯"。

祝您，回家快乐。

鸣谢：共青团中央宣传部、全国铁道团委、中国铁路北京局集团有限公司团委、北京局集团公司2018年"共青团号"、Z4177/8次列车全体乘务人员。

词 汇

[11]

临客	línkè	[n.]		temporary extra passenger train
以……为……	yǐ……wéi……			take A as B
单向	dānxiàng	[adj.]		one-way; unidirectional
客流	kèliú	[n.]	[7-9级]	passenger flow
返程	fǎnchéng	[v.]		return (journey)
人家	rénjia	[pron.]	[4级]	somebody else
肚子	dùzi	[n.]	[4级]	(coll. 口语词) stomach
印象	yìnxiàng	[n.]	[3级]	impression
深刻	shēnkè	[adj.]	[3级]	deep; profound
泡面	pàomiàn / pào miàn	[n./v.]		instant noodles/make instant noodles
打	dǎ	[v.]	[1级]	generalized verb of doing something with specific meaning determined by its object
开水	kāishuǐ	[n.]	[4级]	boiling/boiled water
性	xìng	[suf.]	[3级]	-ity; -ness; -ism

餐车	cānchē	[n.]		dining car
硬座	yìngzuò	[n.]		hard seats (on trains)
超员	chāo yuán			overload; overstuff
过道	guòdào	[n.]	[7-9级]	passageway; corridor
走不动	zǒu bu dòng			not be able to walk (due to fatigue, etc.) (动 [cmp.补语] indicating energy or physical strength required to do something)
打仗	dǎ zhàng		[7-9级]	fight a battle
似的	shìde	[part.]	[4级]	as if; seem
挤	jǐ	[v.]	[5级]	jostle; push against
杀	shā	[v.]	[5级]	fight
血路	xuèlù	[n.]		escape route
厉害	lìhai	[adj.]	[5级]	capable; tough
咱	zán	[pron.]	[2级]	we (inclusive)
过年	guò nián		[2级]	celebrate/spend New Year
缓解	huǎnjiě	[v.]	[4级]	mitigate; alleviate
运输	yùnshū	[v.]	[3级]	transport
团委	tuánwěi	[n.]		共产主义青年团中央委员会 Gòngchǎn Zhǔyì Qīngniántuán Zhōngyāng Wěiyuánhuì (Communist Youth League Committee)
基层	jīcéng	[n.]	[7-9级]	grass-roots unit; basic/primary level
选拔	xuǎnbá	[v.]	[6级]	select for promotion or special assignment
干部	gànbù	[n.]	[7-9级]	cadre; leader

及	jí	[conj.]	[7-9级]	and
优秀	yōuxiù	[adj.]	[4级]	outstanding, excellent
团员	tuányuán	[n.]	[7-9级]	member of the Communist Youth League
支	zhī	[m.]	[3级]	(for teams)
乘务	chéngwù	[n.]		various things that serve passengers on trains/airplanes/ships…
值乘	zhíchéng	[v.]		(short term for 值班 zhí bān [be on duty] and 乘坐 chéngzuò [ride])
共青团	Gòngqīngtuán	[p.n.]		共产主义青年团 Gòngchǎn Zhǔyì Qīngniántuán (The Communist Youth League)
号	hào	[n.]	[1级]	name; title
顾不上	gù bu shàng		[7-9级]	not be able to attend/manage
集体	jítǐ	[n.]	[3级]	group; team
氛围	fēnwéi	[n.]	[7-9级]	atmosphere; ambience
相当于	xiāngdāng yú		[7-9级]	be equal/equivalent to
聚	jù	[v.]	[4级]	assemble; gather; get together
商量	shāngliang	[v.]	[2级]	consult; talk over
平时	píngshí	[n.]	[2级]	in ordinary/normal times; ordinarily
单位	dānwèi	[n.]	[2级]	unit (of organization) (e.g. factory, company, school, hospital, government office)
伴	bàn	[v.]	[7-9级]	accompany

[13]

后会有期	hòuhuì-yǒuqī			We'll meet again some day.
流动	liúdòng	[v.]		go from place to place; flow
珍贵	zhēnguì	[adj.]	[5级]	valuable; precious
真正	zhēnzhèng	[adv.]	[2级]	true; real
外公	wàigōng	[n.]	[7-9级]	(topo.方言词) maternal grandfather
外婆	wàipó	[n.]	[7-9级]	(topo.方言词) maternal grandmother

[14]

全国	quán guó		[2级]	national; nationwide
预计	yùjì	[v.]	[3级]	calculate in advance, estimate
发送	fāsòng	[v.]	[3级]	dispatch
日均	rìjūn	[v.]		average daily
度过	dùguò		[4级]	spend (time)
攥	zuàn	[v.]		(coll.口语词) hold tightly
踏	tà	[v.]	[6级]	step on
归属	guīshǔ	[v.]	[7-9级]	belong to
心安	xīn'ān	[v.]		have peace of mind
一趟趟	yí tàngtàng			every single ("一+reduplicated measure word" describes a large grouping of identical or similar yet distinctly individual objects)
折返	zhéfǎn	[v.]		turn back (half-way)

除夕	chúxī	[n.]	[5级]	Lunar New Year's Eve
灯盏	dēngzhǎn	[n.]		lamps (in general); oil lamp
匆匆	cōngcōng	[adj.]	[7-9级]	hurried; in a rush
习以为常	xíyǐwéicháng			(lit. custom-take-as-routine) get accustomed to
鸣谢	míngxiè	[v.]		acknowledge
中央	zhōngyāng	[n.]	[5级]	central authorities (of a state, party, etc.)
部	bù	[n.]	[3级]	office; board; ministry
集团	jítuán	[n.]	[5级]	corporation
有限公司	yǒuxiàn gōngsī			limited company

问题

1. 以前春运是什么样的，跟现在有什么不一样？

2. 陶涛认为值乘春运列车有什么坏处，又有什么好处？

3. 通过这次春运体验，高佑思有什么感想？

小调查

用订票App查一下，从北京到武昌有多少班次，选择其中一趟车次，并记录发车和到达的时间以及票价。

PART 2
第二部分

准备内容

1. 学习语言点，熟读课文例句及其他例句。
2. 完成书面练习。

课堂活动

1. 讨论语言点例释，流利地表演例句情境。
2. 讨论书面练习。

语言点

1 无所谓 wúsuǒwèi

无所谓用来表达说话人觉得没什么关系，不在乎。有时说话人带有一些无奈或不满。**无所谓**可以单独用来回答问题。小句常常使用"V不V"结构或疑问代词。用**都可以**、**没关系**比无所谓更客气。

I. S＋无所谓

II. 小句＋无所谓

III. S＋觉得（＋小句）＋无所谓

Wúsuǒwèi is used to express "it doesn't matter" or the speaker is indifferent to something. Sometimes the speaker may have no choice to care. Wúsuǒwèi can be used by itself as a response. V+bù+V or question words are often used in the clause. Dōu kěyǐ or méi guānxi is more polite than wúsuǒwèi.

I. S＋wúsuǒwèi

II. Clause＋wúsuǒwèi

III. S＋juéde (＋Clause)＋wúsuǒwèi

[4] 高佑思：这边跟乘客有点儿陌生，他们就看我一眼，他们都保持那种……
我无所谓啦！

I.（1）同事A：今天中午你想吃哪家？拉面还是咖喱？

同事B：（我）无所谓，吃什么都行。

II.（2）同学A：不知道这次谁得了奖学金啊？

同学B：一定不是我，所以知不知道都无所谓。

（3）朋友A：万一她父母不喜欢你怎么办？

朋友B：她父母怎么看我无所谓，只要她喜欢我就行。

III.（4）同事A：这件事儿要不要告诉一下老板？

同事B：我觉得（告不告诉）无所谓。

2 走亲戚 zǒu qīnqi

走亲戚指去看望家人或者亲戚，用于口语。成语**走亲访友**中的**走亲**就是**走亲戚**的意思，**访友**指拜访朋友。

Zǒu qīnqi is a colloquial speech used for visiting extended family or relatives. In the idiom **zǒu qīn fǎng yǒu**, **zǒu qīn** also refers to **zǒu qīnqi** while **fǎng yǒu** means visiting friends.

[5] 高佑思：回家吗？

乘　客：走亲戚。

（1）同事A：春节过得怎么样啊？

同事B：各种走亲戚、拜年、同学聚会，比上班还累！

（2）朋友A：你们国庆节打算怎么过？

朋友B：当然要放松一下，走走亲戚，会会朋友，吃吃喝喝！

（3）春节长假除了吃吃喝喝、走亲访友，越来越多的家庭走进了影院。

3　红包　hóngbāo

指用红色纸袋包着的礼金。过春节时，长辈一般要给小孩子红包。成家立业的孩子可能也会给长辈红包。如今微信用户也可以发送电子红包。

Hóngbāo, "red paper envelope with gift money", is a monetary gift traditionally given by the elders to the younger (before adulthood) in Spring Festival. Children who are married or who have started working may also give hóngbāo to elders. Nowadays, WeChat users can also give monetary gifts in the form of virtual "credits" to other users.

[7] 乘　客：要不要红包？

小男孩儿：要！

（1）叔叔：小雨，给你一个红包，祝你春节快乐！

小雨：谢谢叔叔！

（2）朋友A：为什么我这个微信红包发不出去？

朋友B：上限两百，你一次最多只能发两百块钱。

（3）收红包｜发红包｜拿红包｜打开红包｜包红包

4　打开水　dǎ kāishuǐ

打开水的意思是用杯子、热水瓶等容器盛取开水。这里的动词**打**的意思是用容器盛取，常用于小容器来盛取大容器里的散装（非袋装）液体或食物，如**打水、打热水、打酱油、打饭、打油、打酒**等。随着社会的发展，有些词语慢慢消逝，有些在工作单位及校园等公共场所仍然使用。近几年**打酱油**又有了网络新含义——旁观。

Dǎ kāishuǐ means to get boiled water from the water heater by a cup or a thermos. The verb **dǎ** means to get or purchase bulk liquid or food (rather than packaged ones) from a bulk container into a smaller container, such as **dǎ shuǐ, dǎ rèshuǐ, dǎ jiàngyóu, dǎ fàn, dǎ yóu, dǎ jiǔ**. Some words fade away as the society develops while some other words remain active in public organizations and universities. In recent several years **dǎ jiàngyóu** has a new meaning from the Internet—be a bystander.

[11] 高佑思：这里面几句话我印象最深刻的是"喝茶泡面打开水"。

（1）乘客A：开水打到了吗？怎么回来了？

乘客B：打开水的人太多，过会儿再去吧。

（2）室友A：热水瓶空了，我去打点儿水。

室友B：我也要打水，我跟你一起去。

（3）同学A：你上哪儿去？

同学B：我去食堂打点儿饭，你要不要一起去？

（4）朋友A：你怎么也在这里啊？

朋友B：我只是个打酱油的。

5 重要性 zhòngyàoxìng

重要性的**性**是词缀，加在形容词、动词或名词后构成抽象性名词，表示事物的某种性质或性能。

Similar to adding a "-ness" to English words, such as turning "hard" to "hardness", **xìng** can be added as a suffix to the end of a word to express a characteristic or property.

[11] 高佑思：我觉得外国人只有来到中国以后才会理解泡面的重要性。

（1）朋友A：现在外面还是有很多人不戴口罩。

朋友B：这都什么时候了，还不知道口罩的重要性吗？

（2）朋友A：地铁无人驾驶？安不安全啊？

朋友B：安全性很高的，你放心吧。

（3）同事A：你认为这家公司进军中国失败的问题在哪里？

同事B：我觉得还是忽略了中国市场的特殊性。

（4）病人：流感跟感冒有什么不一样？

　　　医生：流感是流行性感冒，比普通感冒厉害得多。

（5）经理：最近新工作做得怎么样？

　　　员工：还行，不过这份工作的技本性、专业性很强，还得多学习。

6 走不动 zǒu bu dòng

走不动表示由于劳累等原因没办法走。**走不动**的**不动**是表示否定的可能补语，表示由于没有行动能力而无法完成动作。**走不动**的肯定形式是**走得动**。

Zǒu bu dòng means "not be able to walk (due to fatigue, etc.)". **-bu dòng** is a negative potential complement that indicates the verb cannot be completed due to an inability to move. The affirmative form is **zǒu de dòng**.

[12] 高佑思：那你们怎么走过去？走不动？

　　　陶　涛：对！

（1）同学A：晚上去唱KTV吧？

　　　同学B：我工作了一天，玩儿不动了，你们去吧！

（2）朋友A：长城到底有多长？我有点儿爬不动了。

　　　朋友B：再爬半个小时，我们就回去，好吗？加油！

（3）同事A：这个月机器卖得怎么样啊？

　　　同事B：不知道为什么，没人买，卖不动啊！

7 跟……似的 gēn……shìde

表示和某种事物或情况相似。

I. 跟＋VP/AP/NP＋似的

II. V/Adj.＋得＋跟＋NP＋似的

This grammar pattern is used to indicate something is similar to something else.

> I. S＋gēn＋VP/AP/NP＋shìde

> II. V/Adj.＋de＋gēn＋NP＋shìde

[12] 高佑思：那你们怎么走过去？走不动？

陶　涛：对！那就跟打仗似的，就往过挤，一路挤过来。

I. （1）邻居A：今天跟过年似的，那么多鞭炮！

邻居B：好像有人结婚呢，我看到婚车了。

（2）同学A：这个offer真的是我的吗？跟做梦似的。

同学B：是你的，当然是你的。恭喜恭喜！

（3）孩子：以后我赚了钱都给你花。

妈妈：说得跟真的似的，我不相信。

（4）朋友A：我希望在新的一年里能挣钱跟流水似的。

朋友B：其实你是花钱跟流水似的。

II. （5）同学A：你很冷吗？怎么包得跟粽子似的？

同学B：我感冒了，得多穿点儿。

（6）朋友A：你现在工作很好啊！

朋友B：哪有，每天累得跟狗似的。

8　杀出一条血路　shāchū yì tiáo xuèlù

杀出一条血路本指在战斗中通过浴血奋战找到一条突破包围的道路，常用来比喻在困境中通过奋斗找到一条出路。**杀**的意思是战斗。**血路**的意思是出路。

Literally translated as "surge forward and kill out a trail of blood", the phrase **shāchū yì tiáo xuèlù** actually means "find one's way out of a difficult situation". **Shā** means to fight. **Xuèlù** means "escape route".

[12] 陶涛：我一般就在队伍前面给大家杀出一条血路。

（1）随着鸿蒙系统的推出，华为最终杀出了一条血路。

（2）现在公司有很多困难，我们要在夹缝中杀出一条血路。

9 好+V　hǎo+V

好用在动词前，表示容易。需要注意的是，好用在看、听、闻、吃等感官动词前面，表示效果（形象、声音、味道、感觉等）好。

$$S+（Adv.+）好+V$$

Hǎo is placed before a verb to express that "something is easy to do". When **hǎo** is used before the "sense verbs" (e.g., **kàn**, **tīng**, **wén**, **chī**), it indicates that something is "good to do" (e.g., good-looking, pleasant to hear, smell good, tasty).

$$S+（Adv.+）hǎo+V$$

[12] 陶涛：他们跟着我走就好走了。

（1）朋友A：这个功能很好用，可以把语音转成文字。

朋友B：那你发一个语音给我试试。

（2）司机：糟糕，这儿又堵车了，不太好走。

乘客：那我们换条别的路走吧。

（3）学生：老师，把汉语学好要花多长时间？

老师：这个问题不太好回答，要看你每天学多长时间、学什么、怎么学。

（4）同学A：你觉得哪本比较好？

同学B：这本书的语法不太好懂，你看看那本吧！

（5）老同学A：老张，帮我儿子介绍工作的事儿怎么样了？

老同学B：你说的这件事儿不好办，你让我再想想。

10 顾不上 gù bu shàng

顾不上指由于很忙，不能照顾到或注意到。**顾**的意思是照管、注意。**顾不上**的**不上**是表示否定的可能补语。**顾不上**的肯定形式是**顾得上**。

Gù bu shàng indicates "be unable to attend to or manage something" due to being too busy. It is composed of the verb **gù**, "attend to, manage, take care" and the negative potential complement **-bu shàng**, "not able to realize certain action". The affirmative form is **gù de shang**, "can attend to or manage something".

[12] 陶涛：出来了，可能……家里的事儿可能会顾不上。

（1）同学A：等一下，还有几个语法问题。

同学B：顾不上那么多了，快交吧！

（2）同事A：最近是不是很忙啊？

同事B：是啊，忙得连吃饭都顾不上。

（3）室友A：你这个月的房租还没给我呢。

室友B：最近太忙了，一直没顾得上，我马上打给你啊！

（4）同学A：我看你学了一天了，休息休息吧！

同学B：明天就要考了，哪里还顾得上休息？

11 相当于 xiāngdāng yú

表示A的性质或情况跟B差不多。

A＋相当于＋B

This grammar pattern indicates that the condition of A is similar to that of B.

A＋xiāngdāng yú＋B

[12] 陶涛：因为这就相当于有这个机会聚在一起。

（1）学生：春运运输总量达到30亿人次是什么概念？

老师：相当于让欧洲、美洲、非洲、大洋洲的总人口搬了一次家。

（2）朋友A：你的狗多大了？

朋友B：10岁了，相当于人类60多岁了。

（3）朋友A：1美元相当于多少人民币？

朋友B：以前差不多是7块钱，现在好像是6块5左右了。

12　V也V不　V yě V bù

V也V不表示无论怎么样都达不成目标。V是单音节动词。如果动词是持续性的动作，第一个动词的前面可以加上**怎么**。

S+（怎么+）V也V不+C（+O）

This pattern means "no matter (how hard one tries/what one does), one doesn't/didn't/can't/couldn't (do something)". The verb has to be monosyllabic. If the verb is conducted repeatedly, **zěnme** can be added before the first verb.

S+(zěnme+) V yě V bù+C(+O)

[12] 陶涛：因为平时都分在各个单位，有时候见也见不上面儿。

（1）同事A：我昨天大概奶茶喝多了，晚上怎么睡也睡不着。

同事B：奶茶里咖啡因很多的，要少喝点儿。

（2）朋友A：教教我吧，你为什么怎么吃也吃不胖？

朋友B：算了吧，我还觉得你怎么吃也吃不胖呢。

（3）同学A：微信里说也说不清楚，我们见面讨论吧！

同学B：那我们下午去图书馆见吧！

（4）室友A：你给我打个电话吧，我手机怎么找也找不到了。

室友B：我刚打，你看看在哪里？

（5）想帮也帮不上忙｜想玩儿也玩儿不了｜怎么做也做不完｜怎么洗也洗不干净｜怎么花也花不完

13 后会有期 hòuhuì-yǒuqī

成语**后会有期**的意思是以后还会有见面的机会（其实可能性不大），常在武侠小说里道别时使用。**后**表示**以后**，**会**表示**见面**，**期**表示**时间**。

The idiom **hòuhuì-yǒuqī** means "we shall meet again some day" (the chance might not be big though). It is frequently used when departing with someone in Kungfu novels. **Hòu** means "in the future", **huì** means "meet", **qī** means "time".

[13] 高佑思：后会有期，是吧？

　　　崔元甲：后会有期。

（1）老同学A：照顾好自己，咱们后会有期！

　　　老同学B：后会有期！

（2）朋友到机场送张先生时，张先生向各位道别，说："谢谢大家，后会有期。"

练 习

一、填空

| 排队　厉害　感受　无所谓　形容 |
| 允许　好像　内容　打　重要性 |

1. 老师：谁能说说这篇课文的_____是什么？

　　学生：我知道，这篇课文主要介绍了中国的春节。

2. 记者：你能_____一下你现在的心情吗？

运动员：我觉得特别开心，想赶快告诉家人我赢了。

3. 乘客：您好，请问7号车厢在哪儿？

   列车员：就在这儿，请您_____上车。

4. 朋友A：我们到哪儿了？

   朋友B：我也不太清楚，前面_____是一个公园。

5. 学生：您可以谈谈习惯的_____吗？

   教授：好习惯可以让我们的生活越来越好，而坏习惯则会让我们的生活越来越糟糕。

6. 朋友A：你男朋友对你好吗？

   朋友B：他对我非常好，我经常能够_____到他对我的爱。

7. 朋友A：你怎么这么早就要回家了？

   朋友B：现在已经九点了，我父母不_____我晚上十点以后待在外面。

8. 朋友A：是不是所有国家的火车上都可以_____开水泡方便面呢？

   朋友B：不是，中国可以，韩国、日本好像就不可以。

9. 学生A：我忘了带作业了，明天给你可以吗？

   学生B：我_____，只要老师不生气就行。

10. 朋友A：我这次考试的成绩是95分。

    朋友B：没想到你考得这么好，真_____！

二、配对

1. 你觉得玛丽原谅我了吗？   A. 来瓶可乐吧。

2. 你小时候怎么过春节？   B. 我快迟到了，顾不上吃早餐了。

3. 请问，您要喝什么饮料？   C. 找工作，现在工作真不好找。

4. 你怎么不吃我给你做的早餐？   D. 我每天都跟着父母走亲戚，去他们家拜年、吃饭。

5. 小李说的话是真的吗？   E. 我不会包，想帮也帮不上忙。

6. 你最近忙什么呢？   F. 她已经收下了你的礼物，这就相当于原谅你了。

7. 你怎么只是看着他包饺子？   G. 谢谢！也祝你新年快乐，这是给你的红包。

8. 祝您新年快乐！恭喜发财！   H. 我也不知道，感觉他每次说话都跟开玩笑似的。

三、完成对话

1. 朋友A：吃饱了吗？要不要再_____？（来+量词短语）

   朋友B：不用了，我已经吃饱了，谢谢！

2. 朋友A：你看我穿这套衣服怎么样？

   朋友B：_____。（跟……似的）

3. 学生：这个舞我能学会吗？

   教练：_____。（好+V）

4. 朋友A：这些医生和护士_____，每天都工作12小时以上。（顾不上……）

   朋友B：我觉得他们真的非常伟大。

5. 朋友A：你觉得这儿有多高？

   朋友B：_____。（相当于……）

6. 朋友A：你最近怎么不和男朋友一起出去玩儿了？

   朋友B：他最近很忙，我和他_____。（V也V不……）

PART 3 第三部分

准备内容

熟读视频文本,准备情境重现及口头叙述,尽量脱稿表演。

课堂活动

老师引导学生轮流进行情境重现及口头叙述,老师及时给予反馈。

情境重现

老师与学生(或学生与学生)根据提示,合理表演视频里的情境。

1. 给乘客们检票,帮乘客们放行李。
2. 跟去湖北看女儿的乘客聊聊。
3. 跟带女儿回家的乘客用中文交流一下。
4. 向餐车长了解一下以前和现在值乘列车的不同情况,以及他在列车上过年的感想。

口头叙述

学生用自己的话,从不同的角度来复述视频里的故事。

1. 从培训老师的角度,谈谈高佑思是怎么接受列车员培训的。
2. 从餐车长的角度,聊聊以前和现在值乘列车的不同情况和自己的感想。
3. 从一位乘客的角度,说说自己坐火车回家过年和跟老外列车员交流的经历。
4. 从高佑思的角度,说说这次当列车员的经历和感想。

PART 4 第四部分

准备内容

重看视频,根据视频话题准备问题,学习主持讨论的表达,准备课堂讨论。

课堂活动

学生轮流担任主持人,带领全班同学一起讨论。

跨文化访谈

如果课后邀请视频中的人物进行访谈,主持人可以问哪些问题,这些人物会怎么回答?请老师、同学们组织一次访谈,聊聊视频中的体验和想法。也请观众回答一些问题。以下的访谈提纲供师生选择使用。鼓励学生自己准备访谈问题,并邀请视频中其他人物加入访谈。

高佑思:
1. 你做列车员主要做了哪些工作?
2. 你在列车上都遇到了哪些乘客?
3. 你觉得做列车员最困难的工作是什么?
4. 有没有遇到什么困难?解决了吗?是怎么解决的?
5. 对这次体验列车员的工作,你有什么感受?

列车员：

1. 你们平时在列车上需要做哪些工作？
2. 一般过年是怎么过的？
3. 高佑思在你们列车上都做了哪些工作？做得怎么样？

餐车长：

1. 以前春运的列车是什么样的？跟现在有什么不一样吗？
2. 你觉得不能跟家人一起过年可惜吗？
3. 你在列车上工作多久了？

观众：

1. 你觉得这集视频什么地方让你感受最深？
2. 你觉得高佑思在什么地方做得很好？为什么？
3. 你们国家什么时候过新年？怎么过？大家都是怎么回家的？

PART 5
第五部分

准备内容
根据课外实践要求,出门做任务,写下笔记,准备口头报告。

课堂活动
学生轮流进行口头报告,欢迎同学和老师提问,老师给予反馈。

课外实践

你在中国坐过火车吗?动车还是高铁?卧铺还是硬座?到网上查一查,或者跟中国人聊一聊,这些不同的列车和铺位都有什么不一样。找几个你感兴趣的城市,看看列车是几点的,一张票多少钱。有机会的话,能不能坐一次火车或去一趟火车站,找乘客、列车员聊聊天儿?选择一个你感兴趣的话题,准备一个报告,跟老师、同学们交流一下收获。

文化拓展

春节对中国人来说意味着什么?

春节,也就是中国农历的新年,时间从除夕开始,一直持续到正月十五。春节是农历中一年的开始,人们庆祝新年也是希望自己的生活能有一个新的开始。中国人会在春节期间将房屋打扫干净,准备好新鲜的食材来做丰盛的饭菜,为自己和家人购买漂亮的衣服。对在外地工作的人来说,春节是回到故乡和家人团聚的最好机会。"有钱没钱,回家过年",无论你在生活中是否成功,你都可以回到家乡和家人团聚，因为家是最温暖的地方。在除夕夜，一家人坐在一起一边吃年夜饭，一边观看电视里的春晚，再也没有比家更温暖的地方了。

▸ **What does Spring Festival mean for Chinese people?**

Spring Festival, also known as the Lunar New Year, follows the Chinese lunar calendar and occurs from New Year's Eve to the 15th day of the year. Since Spring Festival is the beginning of the year in the lunar calendar, the holiday represents new beginnings and hope for the future. Traditions during this time include cleaning the house, preparing fresh and hearty meals, and buying nice clothes for oneself and one's family. For people working away from home, Spring Festival is the best opportunity to head home and reunite with family. There is a saying that no matter rich or poor, go home for the New Year ("**Yǒu qián méi qián, huí jiā guò nián**"). No matter whether you are successful or not, you can always return home to reunite with family, because home is the warmest place. On New Year's Eve, families eat reunion dinner while watching the Spring Festival Gala television show. There is no warmer place than home.

LÍNGCHÉN WǓ DIǍN DE ZǍODIǍNPÙ

凌晨五点的早点铺

第 6 课

导 语

　　"流动人口"指长期在经济比较发达的城市工作生活，但户口并不在此处的人，他们大多来自农村或边远地区。到2017年底，中国有2.45亿流动人口，这相当于每六个中国人中就有一个人属于流动人口。2019年，北京全市有794.3万流动人口，占北京市总人口的37%。流动人口中不少人从事与体力劳动有关的工作。巨大的流动人口也存在着一些问题，比如医疗保障、留守儿童、父母赡养等。为了保障流动人口的权益，政府近年来大大降低了流动人口落户的门槛，引导他们在城市定居，同时也为他们在家乡工作创造了各种条件。

　　流动人口在大城市生活是怎样的体验？我们跟高佑思去体验一下吧。

The "floating population" refers to primarily migrant workers from rural areas or remote small towns who work and live in the more economically developed cities without "hùkǒu" (local household registration status). As of 2017 there were a total of 245 million people in the floating population in China—that's one in six people. In 2019, there were 7.943 million migrants in Beijing (37% of the total population in Beijing). Many migrants do labor work. These migrant laborers face many problems: they lack access to local health care, their faraway work causes them to leave their children behind, and unable to care for their parents. Without a "hùkǒu", these migrants are unable to settle down in the city. To protect the rights of the floating population, the government has not only significantly lowered the threshold to apply for a "hùkǒu", enabling them to settle down in cities, but also created various opportunities for them to return home for jobs in their hometowns.

　　What is it like to be one of the floating population? Let's check it out with Gao Yousi!

PART 1
第一部分

准备内容

1. 观看视频，对照文本和词语，思考问题。
2. 自己准备几个问题（语言和文化都准备几个）。

课堂活动

1. 学生提问，其他同学和老师回答。
2. 老师对学生进行提问。

视频第一段（0分35秒—4分09秒）

[1]

03：00 北京市西三环附近

高佑思： 为什么我们所有干的行业都有一个共同点，就[是]

没办法睡觉啊！真的烦死我了！每次都那么早。

高佑思： 老板好！李老板，大姐。

这一对来自河南的夫妇，两年前来北京做起了早点的小生意。

高佑思： 需要搬……搬过去这个？哇，好重！每天都那么重？

李大姐： 放那儿吧。

高佑思： 放这儿？

[2]

04：00　准备早餐

高佑思： 早上的流程是什么？一般？现在？

李老板： 她和她的面，我弄我的粥。

摄像师： 今天是不是晚[了]？来得及吗？

李老板： 可以。

高佑思： 可以，可以。一般第一个客人几点到？

李大姐： 唉，这个也没准儿。有的[时候]我们一开门就有人，他还是走掉了，因为我们刚来，还没做出来。

李老板： 不行啊。

高佑思： 被老板吐槽了一下。

李大姐： 放一点儿馅儿！感觉[一下]。

高佑思： 啊！大姐？

李大姐：行！

高佑思：行？OK，这个我一会儿自己吃。那我放在中间可以吗？

高佑思：我还可以干一点儿什么？我帮你。

李老板：现在我要倒汤了。

高佑思：这个我帮你拿。到里面？

李老板：嗯！

高佑思：哇。热吗？好烫好烫！啊啊啊！啊！吃啦。我没吃到菜。你看！我包得太*浓[厚]了，这个！

[3]

06：30 迎来第一位客人

顾　客：你是他啥呀？

高佑思：我是来给他帮忙[的]。

顾　客：哦。

高佑思：你是今天我们第一位客人，我也是今天第一天，你是我的人生的第一个客人。你会每天来这里吗？

顾　客：今年是头一次。

高佑思：嗯。

顾　客：你要快点儿的，我要开会！

高佑思：嗯，多吃一点儿。

[4]

顾　客：哪儿有个座儿？

高佑思：来来，你坐这里，坐这儿。早上好，早上好！

李大姐：你给他找个地方，小高！

高佑思：来来来，我帮你。对对对，坐这儿。早上好啊。

顾　客：早上好。

高佑思：我是一个外国人。对，我是来这里工作[的]。非常荣幸。他每天会来？每天早上？

李老板：每天都来。

高佑思：每天都来。

李老板：他不来，他[会]打个电话，就给他送过去。他因为啥吧，他盲人，他吃饭，他也看不到前面的路滑。

高佑思：当然！所以你有时候会专门去上门帮他过来？

李老板：是的，他还有两个人。

高佑思：还有两个，他们都是一起的？

李老板：一共是六个人。喔！

[5]

高佑思：我们第一拨客人是盲人，而且他们可能接触的世界跟我们完全不一样，而且听我的外国口音，还觉得我是中国人，我觉得还是……

高佑思：你要回家，你要回去了吗？

顾　客：嗯。

高佑思：啊，小心！没事儿，我跟着你啊。

顾　客：我能回去。

高佑思：你没事儿吧？哦，你小心这里！小心，小心！

顾　客：没事儿，我能感觉到。

高佑思：没事儿。你们就在这里附近，是吗？

顾　客：对。

高佑思：慢走，慢走。

词 汇

| 早点铺 | zǎodiǎnpù | [n.] | | small breakfast shop |

[1]

共同点	gòngtóngdiǎn	[n.]		common ground (共同 [3级])
烦	fán	[adj.]	[4级]	annoying; annoyed
大姐	dàjiě	[n.]	[4级]	a woman about one's own age; elder sister
对	duì	[m.]		(for pairs/couples)
夫妇	fūfù	[n.]	[4级]	husband and wife

搬	bān	[v.]	[3级]	remove

[2]

和面	huó miàn			work (moistened flour) into dough
弄	nòng	[v.]	[2级]	(a nonspecific word for doing something) make/do/handle/obtain
粥	zhōu	[n.]	[6级]	congee; porridge
来得及	lái de jí		[4级]	have enough time (及[cmp.补语] [7-9级] be in time for)
没准儿	méi zhǔnr			(coll.口语词) uncertainty
走掉	zǒudiào			depart; leave
吐槽	tǔ cáo			express unsatisfied opinion
馅儿	xiànr	[n.]	[7-9级]	filling; stuffing
倒	dào	[v.]	[2级]	pour
汤	tāng	[n.]	[3级]	soup
烫	tàng	[adj.]	[7-9级]	boiling hot
包	bāo	[v.]	[1级]	wrap
浓	nóng	[adj.]	[4级]	dense/thick
厚	hòu	[adj.]	[4级]	thick

[3]

迎来	yínglái		[6级]	welcome; meet
啥	shá	[pron.]		(topo.方言词) what

头	tóu	[adj.]	[3级]	the first (used before a measure word or a numeral-measure phrase)

— [4] —

座儿	zuòr	[n.]		seat; place
荣幸	róngxìng	[adj.]	[7-9级]	honored
盲人	mángrén	[n.]	[6级]	blind person
道路	dàolù	[n.]	[2级]	road; path; way
滑	huá	[adj.]	[5级]	slippery
上门	shàng mén		[4级]	drop in; visit

— [5] —

拨	bō	[m.]	[7-9级]	(for groups of people)
接触	jiēchù	[v.]	[5级]	come into contact with; get in touch with
口音	kǒuyīn	[n.]	[7-9级]	local/regional accent

问 题

1. 这次高佑思在什么地方体验工作？跟谁一起工作？

2. 这次几点开始工作？高佑思都做了哪些事儿？

3. 早点铺来了哪些客人？高佑思是怎么接待他们的？

视频第二段 (4分09秒—8分04秒)

[6]

天色越来越亮,早点铺也热闹了起来。

高佑思:你好,早上好。

顾　客:啊?都[有]什么饭?

高佑思:有粥,有包子。盛这个是吧?好*热[烫]!

顾　客:再来一个。

[7]

快递员:一百七……一百六。①

高佑思:一天?

---

① 这里指快递件数。

快递员： 一上午。

高佑思： 哦，我看[到]了外面的那个，这是一百六？你一般都吃什么？你每天都吃粥吗？还是最喜欢吃什么早餐？

快递员： 粥放点儿糖，油条啊。

高佑思： 那一开始会觉得比较辛苦吗？

快递员： 肯定辛苦啊！现在习惯了。刚开始没有时间，刚开始不熟嘛，没有时间吃早饭。

高佑思： 有时候会很烦吗？客户会不会有点儿脾气不好之类的？

快递员： 快递客户什么人都有。

高佑思： 那你一般遇到这样的人会怎么办？

快递员： 忍气吞声！能怎么办？得了。那我得赶紧送了。你忙着啊。

高佑思： 好好好！慢走啊。工作顺利！拜拜。

[8]

高佑思： 你在北京多少年了，已经？

退休阿姨： 我姑娘在北京上班，我是退休啦，来看孩子的。退休了以后，我得跟着孩子看看小孩儿，做做家务，享享天伦之乐。

高佑思： 天路之乐是个成语？

退休阿姨：天*云[伦]之乐。

高佑思：天伦之路。

退休阿姨：天*云[伦]之乐。

[9]

高佑思：挺忙的吧？累吗，工作？

顾　客：累呀！天天开车。

李老板：出租车。

顾　客：拿走吧！

高佑思：嗯。感觉压力大吗？*为了[通过]吃早餐来*解放[释放]压力吗？会吗？

外卖小哥：填饱肚子，不是为了"*解放[释放]压力"。

外卖小哥：为了填饱肚子。这是假期体验生活，是吧？

高佑思：也算是，算是。

李大姐：你给阿姨拿热的！

顾　客：照顾照顾我。我们家老头儿有病呢。

高佑思：你先坐。

顾　客：中文说得真不赖！

高佑思：对！

顾　客：给我拿俩肉包子。

高佑思：什么包子？肉包子？

顾　客：随机，随机。

高佑思：随机就可以？两个？

[10]

高佑思：上班还是下班？

送奶工：我差不多下班啦。

高佑思：差不多下班啦？哇！你夜班？

送奶工：我送牛奶。

高佑思：送牛奶？你几点……

李老板：你这下班早啊！

送奶工：送完了就下班了呗！

李老板：你几点起？

送奶工：我三点。

高佑思：凌晨三点开始？

送奶工：嗯。

高佑思：你是每天夜班还是……？

送奶工：嗯，每天。

高佑思：每天夜班。白天睡觉？

送奶工：嗯，上午睡会儿，下午接着送。

高佑思：那对你来说这个是早餐吗？

送奶工：嗯，刚起床那会儿没时间吃饭。

高佑思：你已经干了多少年这个？

送奶工：好像干七八年了吧。就是一个习惯。

高佑思：你老家是北京吗？

送奶工：不是，老家是四川的。

高佑思：四川的，从四川过来，还是挺远的。那你……你家人呢？都在四川吗？

送奶工：没有，就……就我一个。

高佑思：就你一个？

送奶工：嗯。

高佑思：辛苦了啊。你慢慢吃。

词 汇

[6]

天色	tiānsè	[n.]		color of the sky
热闹	rènao	[adj.]	[4级]	having a lively time
包子	bāozi	[n.]	[1级]	steamed stuffed bun
盛	chéng	[v.]	[7-9级]	fill, ladle

[7]

糖	táng	[n.]	[3级]	sugar
油条	yóutiáo	[n.]		deep-fried twisted dough sticks
熟	shú	[adj.]	[2级]	familiar; skilled; experienced
脾气	píqi	[n.]	[5级]	temperament; disposition
之类	zhī lèi		[6级]	such like
忍气吞声	rěnqì-tūnshēng			(lit. endure-anger-swallow-speech) swallow insult and humiliation silently
忙着	mángzhe			be busy
顺利	shùnlì	[adj.]	[2级]	smooth; successful

[8]

姑娘	gūniang	[n.]	[3级]	(coll.口语词) daughter
退休	tuì xiū		[3级]	retire
家务	jiāwù	[n.]	[4级]	household duties
享	xiǎng	[v.]	[7-9级]	enjoy
天伦之乐	tiānlúnzhīlè		[6级]	family happiness (天伦 [n.] natural bonds and ethical relationships, especially in a family)
成语	chéngyǔ	[n.]	[5级]	idiom; set phrase

[9]

拿走	názǒu		[6级]	take/bring away
来	lái	[v.]		in order to; so that

解放	jiěfàng	[v.]	[5级]	liberate; emancipate
释放	shìfàng	[v.]	[7-9级]	release; set free
填饱	tiánbǎo			feed to the full (填 [v.] fill in; 饱 [cmp.补语] to satisfaction)
假期	jiàqī	[n.]	[2级]	vacation; holiday
老头儿	lǎotóur	[n.]	[3级]	(coll.口语词) husband; old man (generally not say it to someone's face)
不赖	búlài	[adj.]		(topo.方言词) not bad; good
俩	liǎ	[n.m.]	[4级]	(coll.口语词) two (=两个)
随机	suíjī	[adj.]	[7-9级]	random

[10]

送奶工	sòngnǎigōng			milk deliverer
接着	jiēzhe	[adv.]	[2级]	next; immediately after
四川	Sìchuān	[p.n.]		Sichuan Province

问 题

1. 顾客都是做什么工作的？他们点了什么早餐？

2. 退休阿姨为什么生活在北京？

3. 高佑思跟这些顾客都聊了些什么？

视频第三段 （8分04秒—12分05秒）

[11]

15：30 农贸市场进购食材

高佑思：你可以开慢一点儿吗？有点儿太快[了]，我怕我掉[下去]啊。老板，是不是刚开始做这个东西不太习惯，有点儿累？

李老板：刚一开始肯定的，第二天就累了。

高佑思：My God!

高佑思：看那个生肉，我就有点儿不习惯。

李老板：要七斤肉馅儿。

肉铺老板：这几天又涨钱了。

高佑思：这两个是吧？

李老板：又涨啦？

肉铺老板：这肉价不涨，养猪的人都要哭到年底。

高佑思：Oh, no! 好大啊这个。*菜场[蔬菜]大厅。这个[是]什么样的？那这个很多不同的……菇，是吧？

蔬菜商人：这是平菇，那个是香菇、茶树菇、金针菇、杏鲍菇、海鲜菇。

高佑思：谢谢。

李老板：来三把吧。等等再回去算呗。

高佑思：放在这上面。我来收拾吧。

[12]

第二天 03:00

高佑思：它比打工还赚钱吧？

李大姐：有的能赚钱，有的也不能赚钱。因为这里房租太贵了。

高佑思：那怎么办？

李大姐：没办法休息，所以说要……要加快挣钱[的速度]，每天都要工作。

高佑思：你会觉得辛苦吗？

李大姐：就是每天，这人啊，就是感觉好辛苦，但是辛苦中也有快乐。

高佑思：是啊。那快乐从哪里来的？

李大姐：家人、孩子。

高佑思：孩子。

李大姐：给孩子买东西啊，买衣服啊。

高佑思：所以孩子开心，*就你[你就]开心。

李大姐：对啊。来，我教你。

高佑思：好好好。谢谢。你孩子在哪里？

李大姐：我的女儿在上学，在南京。

高佑思：在南京？哪所啊？

李大姐：南京邮电（大学）。

高佑思：可以啊！所以你们全国*都在[很多地方都待过]。你们是来自河南，是吧？

李大姐：嗯。

高佑思：然后也在深圳[待]过，在北京，*女孩儿[女儿]在南京。

李大姐：全国各地，想去哪儿就去哪儿。

[13]

高佑思：早安。

路　人：卖早餐啦？

高佑思：是啊。

顾　客：一个豆浆、一个油条、一个鸡蛋。

高佑思：五块五。油条一根？

顾　客：两根。

高佑思：两根？OK！两根油条。

小女孩儿爸爸：跟叔叔再见吧，来。

高佑思：来，再见。喔！

顾　客：两碗豆腐脑儿，三根……

高佑思：两碗……OK.

顾　客：三碗粥，两碗豆腐脑儿。

高佑思：就住这附近，是吧？

顾　客：啊，对！

高佑思：慢走，慢走。

[14]

高佑思：那你呢？不想转行？

李老板：没有。

摄像师：就暂时还准备着接着干？

李老板：没有转行。

摄像师：万一到时候你女儿、你儿子是吧，到时候挣大钱了，你还接着干吗？

李老板：那……那是他们小孩儿的事情！有钱了什么的，他叫他妈妈去享几天福，你不能在那儿一辈子啊！你说对不对啊？就是这样。人活在世上，不就是这样吗？

高佑思：就哪样？

李老板：就是这个……生活，赚钱，养家糊口。你们还接着录，我该干活儿了。

高佑思：好，好。干活儿，我帮你，我帮你干活儿。

李老板：不用。你这不录着呢吗？

[15]

老板对高佑思说："人这一辈子就是养家糊口。"

早点铺的客人，在热腾腾的温暖后，开始各自的奔波。

平常又努力的生活，于一处小铺交错，那是大城市的烟火。

词 汇

[11]

农贸市场	nóngmào shìchǎng		farmers' market (市场 [3级])
食材	shícái	[n.]	food ingredient
开慢一点儿	kāimàn yìdiǎnr		drive a little more slowly
生肉	shēngròu	[n.]	raw meat

涨钱	zhǎng qián			rise in price (=涨价 [5级])
养	yǎng	[v.]	[2级]	raise
年底	niándǐ	[n.]	[3级]	end of a year
菜场	càichǎng	[n.]		(fresh) food market
蔬菜	shūcài	[n.]	[5级]	vegetables; greens
大厅	dàtīng	[n.]	[5级]	big/main hall
菇	gū	[n.]		mushroom
平菇	pínggū	[n.]		oyster mushroom
香菇	xiānggū	[n.]		shiitake
茶树菇	cháshùgū	[n.]		agrocybe cylindracea
金针菇	jīnzhēngū	[n.]		flammulina velutipes
杏鲍菇	xìngbàogū	[n.]		pleurotus eryngii
海鲜菇	hǎixiāngū	[n.]		seafood mushroom
把	bǎ	[m.]	[3级]	(for handfuls)
收拾	shōushi	[v.]	[5级]	put in order; clean up

── [12] ──

打工	dǎ gōng		[2级]	do manual work
房租	fángzū	[n.]	[3级]	rent (for a house, flat, etc.)
加快	jiākuài	[v.]	[3级]	speed up; accelerate
挣钱	zhèng qián		[5级]	earn money
所	suǒ	[m.]	[3级]	(for institutional associations, schools, hospitals, etc.)

南京邮电大学	Nánjīng Yóudiàn Dàxué	[p.n.]		Nanjing University of Posts and Telecommunications
可以	kěyǐ	[adj.]		(coll. 口语词) awesome
深圳	Shēnzhèn	[p.n.]		Shenzhen (in Guangdong Province)

[13]

豆浆	dòujiāng	[n.]	[7-9级]	soybean milk
豆腐脑儿	dòufunǎor	[n.]		jellied tofu (豆腐 [4级])

[14]

转行	zhuǎn háng			change profession
叫	jiào	[v.]	[1级]	tell; ask (someone)
万一	wànyī	[conj.]	[4级]	if by any chance
享福	xiǎng fú			(older generation) live in ease and comfort
一辈子	yíbèizi	[n.]	[5级]	a lifetime
活	huó	[v.]	[3级]	live
世上	shìshang	[n.]		in the world; on earth
养家糊口	yǎngjiā-húkǒu			(lit. raise-family-fill-stomach) support one's family
录	lù	[v.]	[3级]	film

[15]

热腾腾	rètēngtēng	[adj.]	[7-9级]	steaming hot

温暖	wēnnuǎn	[adj.]	[3级]	warm
奔波	bēnbō	[n.]	[7-9级]	be busy running about; work really hard
平常	píngcháng	[adj.]	[2级]	ordinary
于	yú	[prep.]	[6级]	in; at
交错	jiāocuò	[v.]		interlock; crisscross
烟火	yānhuǒ	[n.]	[7-9级]	smoke and fire (of cooking)

问 题

1. 高佑思为什么跟李老板去了农贸市场？

2. 李老板和李大姐有没有孩子？孩子现在在做什么？

3. 李老板和李大姐对这份工作满意吗？

小调查

在地图App上查一下，这些中国人的家乡和他们去过的地方都在哪里，离北京有多远，需要乘坐什么交通工具，多久才能到。

PART 2 第二部分

准备内容
学习语言点,熟读例句。

课堂活动
讨论语言点,脱稿表演情境例句。

语言点

1 没准儿 méi zhǔnr

没准儿在结构I里表示情况不确切,用法和**不一定**相似;在结构II里,表示对情况的估计,说话人认为可能性较大,用法和**说不定**相似。

I. S+没准儿

II. S+没准儿+VP

Méi zhǔnr in the first structure is that expresses an uncertainty (far from conclusion). It works like **bù yídìng**. Méi zhǔnr in the second structure expresses an estimation of a situation (i.e., the speaker considers the possibility is big). It works like **shuōbudìng**.

I. S+méi zhǔnr

II. S+méi zhǔnr+VP

[2] 高佑思:一般第一个客人几点到?

李大姐:唉,这个也没准儿。

(1) 同事A:下周你要去上海吗?

同事B:去不去还没准儿,明天大概会知道。

（2）朋友A：你室友什么时候能到？

朋友B：他这个人没准儿，不用管他，咱们先吃吧。

（3）同学A：你开网店能行吗？

同学B：我这么努力，这事儿没准儿能行。

（4）同学A：现在几点了？没准儿电影已经开始了。

同学B：没事儿，走过去十分钟就到了。

2 吐槽 tǔ cáo

吐槽是一个网络新词，意为从对方不正常的言论或行为中，找到切入点，不给对方面子，发出带有诙谐调侃、语气俏皮的点评。**无力吐槽**的意思是没有力气来吐槽，常用来表示说话者的无奈。

Tǔ cáo, a new Internet word, means giving humorous comments and good-natured ridicule based on the interlocutor's unusual speech or behavior so as to amuse the audience. **wúlì tǔ cáo** means having no strength or energy to **tǔ cáo**, which commonly used to express the helplessness of the speaker.

[2] 李老板：不行啊。

高佑思：被老板吐槽了一下。

（1）同事A：我就吐槽一下，你今天喷了多少香水？

同事B：哈哈，不小心喷多了一点儿。

（2）老师：请大家说说，觉得食堂的饭菜怎么样？

学生：终于可以吐槽了，食堂的菜汤连一片菜叶也没有。

（3）老板：小王，你的报告怎么还没给我？

员工：这台电脑每次开机五分钟就死机，我都无力吐槽了。

（4）书店老板吐槽，学生们去那儿只看不买，把书店当成图书馆了。

3　比较：浓—厚　nóng — hòu

浓和**厚**都是形容词，区别是：

浓指液体或气体所含的成分多，反义词是**淡**。

厚指扁平物体的两面之间距离大，反义词是**薄**。

Nóng and hòu both mean "thick, dense" as adjectives, but they are slightly different.

Nóng means that the liquid or air (or a substance in the air) is made up of a large number of things. The antonym is dàn.

Hòu means that the opposite sides or surfaces of a flat object are a relatively great distance apart. The antonym is báo.

[2] 高佑思：你看！我包得太*浓[厚]了，这个！

（1）客　人：意式浓缩跟美式有什么区别？

　　　服务生：意式浓缩是很小的一杯，比较浓，美式比较淡。

（2）朋友A：这个茶你想喝浓一点儿的还是淡一点儿的？

　　　朋友B：淡一点儿的吧。

（3）服务生：还想吃点儿什么？

　　　客　人：来份奶油香菇浓汤吧。

（4）朋友A：很浓的香水味儿，是你的吗？

　　　朋友B：对啊，是我的。闻起来怎么样？

（5）徒弟：这个饺子皮儿怎么样？

　　　师傅：有点儿厚，还不够薄。

（6）室友A：今天冷不冷？

　　　室友B：非常冷，衣服穿厚一点儿吧。

4 ……之类(的) ……zhī lèi (de)

之类（的） 意思是指和前面所说的相似的某一类事物或情况。**之类（的）** 前面是列举的事物或情况。**之类的** 常用作定语。

Zhī lèi (de) means "and so on" or "and stuff like that". It is used to continue a list without mentioning in detail further items in the list. **Zhī lèi de** is often used as an attribute (i.e., word or phrase that precedes the noun it describes).

[7] 高佑思：有时候会很烦吗？客户会不会有点儿脾气不好之类的？

快递员：快递客户什么人都有。

（1）室友A：我要去超市买点儿东西。你要不要和我一起去？

　　　室友B：好啊，我也想买点儿咖啡、面包之类的。

（2）病人：哪些算是垃圾食品？

　　　医生：就是汉堡、炸鸡、可乐之类的。

（3）病人：我平时比较忙，常常吃方便面。

　　　医生：不要再吃方便面之类的东西了。

（4）朋友A：你平时做什么运动？

　　　朋友B：我比较喜欢网球、羽毛球之类的运动。

（5）老师：你知道中国有哪些特色食物吗？

　　　学生：像臭豆腐、皮蛋、豆汁儿之类的，我来了中国才知道。

5 忍气吞声 rěnqì-tūnshēng

忍气 的意思是"受了气不发作"，**吞声** 的意思是"不敢出声"。成语 **忍气吞声** 的意思是指在受到别人欺负时忍住自己的怒气，不说什么话。

Rěnqì means "endure anger" and **tūnshēng** means "swallow speech". The idiom **rěnqì-tūnshēng** means "hold back anger when being bullied by others and not speak up", or in a shorter form, "swallow insult and humiliation silently".

[7] 高佑思：那你一般遇到这样的人会怎么办？

快递小哥：忍气吞声！能怎么办？

（1）同事A：我觉得我们老板对我不公平。

同事B：哎呀，我们又不是老板，这种事儿只好忍气吞声。

（2）同学A：我室友天天半夜打游戏，我睡不着觉，但又不敢说。

同学B：别那么忍气吞声，你就告诉他，你不能睡觉了，让他别打了。

（3）朋友A：我不想再忍气吞声了，我要离婚。

朋友B：要是你已经想好了，我就支持你。

（4）为了赚钱，老板的要求再无理，我也会忍气吞声。

（5）旧社会中国女性很多没有地位，只能忍气吞声过日子。

6 天伦之乐 tiānlúnzhīlè

成语**天伦之乐**是指在家庭不同辈的亲人团聚时的欢乐。**天伦**指父子、兄弟等亲属关系。**享享**是享的叠用，表示轻松随意。**天伦之乐**前面的动词还常常用**享受**或**共享**。

The idiom **tiānlúnzhīlè** refers to the joy of family reunion (more than one generation). **Tiānlún** refers to the kinship between father and son, brothers and so on. **Xiǎng** is reduplicated into **Xiǎngxiang**, which expresses being light and relaxed. Other common verbs used before **tiānlúnzhīlè** are **xiǎngshòu** "enjoy" or **gòngxiǎng** "enjoy together".

[8] 退休阿姨：我姑娘在北京上班，我是退休啦，来看孩子的。退休了以后，我得跟着孩子看看小孩儿，做做家务，享享天伦之乐。

（1）主任：老王，退休之后有什么计划？

老王：没什么计划，就是帮女儿带带孩子，享享天伦之乐。

（2）同事A：你要回老家工作了？

同事B：是啊，在大城市拼得太辛苦，我回家能让父母好好享受天伦之乐。

（3）老师：你的梦想是什么？

学生：上大学以后找个好工作，不再让父母出去打工，能在家享受天伦之乐。

（4）春节是合家团聚的欢乐日子，大年夜一家人会坐在一起吃团圆饭，共享天伦之乐。

7　比较：解放—释放　jiěfàng — shìfàng

解放和**释放**都是动词，区别是：

解放的意思是解除束缚，得到自由或发展。**解放**还指推翻反动统治。

释放的意思是恢复被拘捕者或关押者的人身自由。**释放**引申指放出所含物质或能量。

Jiěfàng and **shìfàng** both mean "release" as verbs, but they are slightly different.

Jiěfàng means to be free from restriction and gain freedom or development. **Jiěfàng** also means to overthrow reactionary rule.

Shìfàng means to release energy or substance. **Shìfàng** also means to allow to escape from confinement and restore personal freedom.

[9] 高佑思：感觉压力大吗？*为了[通过]吃早餐来*解放[释放]压力吗？会吗？

外卖小哥：填饱肚子，不是为了*解放[释放]压力。

（1）同学A：考试结束了，我们终于解放了！

同学B：可以好好儿休息一下了。

（2）销售员：我们店新到了一款智能炒菜机，只要把菜放进去，就能自动炒好。

顾　客：这太好了，可以解放双手了！

（3）现在中国学生学业负担太重，希望教育部能采取一些办法，让学生解放出来！

（4）妈妈：你怎么天天打游戏？

孩子：压力太大了，就想释放一下。

（5）同学A：你怎么哭了？有什么事儿跟我说说。

同学B：没什么，只不过想释放一下。

（6）学生：老师，地震的震级是怎么定的？

老师：每增加1级，地震释放的能量就增加1倍。

8 不赖 búlài

不赖的意思是"好、不错"。**不赖**原是方言词，比**不错**更口语化一些。
Búlài is a dialect word, meaning "good, not bad" (more colloquial than búcuò).

[9] 高佑思：你先坐。

顾　客：中文说得真不赖！

（1）室友A：快来尝尝吧！

室友B：嗯！这炒饭做得还真不赖。

（2）朋友A：这房子真不赖，得花不少钱吧？

朋友B：现在房价那么高，没办法啊。

（3）同事A：你这个红烧肉看上去不错。

同事B：现在食堂的菜真是不错啊，你那个糖醋鱼看上去也不赖！

（4）邻居：小伙子长得不赖，有女朋友了吗？

男生：我还是学生，还没毕业呢！

（5）老板：这个想法不赖，只是细节不够清楚。

员工：好的，我再去修改。

9 可以 kěyǐ

这里的**可以**是形容词，表示程度相当高、厉害。前面可以加**真**，但不能加**很**，用于口语，没有否定形式。

Here **kěyǐ** is used as an adjective to express a high level or "awesome" in colloquial speech. **Kěyǐ** can be preceded by **zhēn**, but not by **hěn**. There is no negation form.

[12] 李大姐：南京邮电（大学）。

高佑思：可以啊！

（1）朋友A：我现在在北京开了一家公司。

朋友B：你可以啊，这么快就当老板了。

（2）同学A：我唱得怎么样？

同学B：你唱得真可以！跟歌星差不多。

（3）室友A：我穿这条裙子怎么样？小王会不会喜欢？

室友B：可以啊！穿上像个公主一样漂亮。

10 万一 wànyī

万一的本义是万分之一，指极小的一部分，现用来指可能性极小的意外情况。**万一**作连词，表示可能性极小的假设，多用于表示不希望发生的情况，不过也可用于可能性极小的正面情况。**万一**可以用在主语前，也可以用在主语后。

I. 万一……，……

II. 万一……，怎么办？

III. 万一……呢？

Wànyī literally means "ten thousand [to] one" and is actually used as a conjunction to discuss unlikely possibilities in the sense of "if by any chance" or "in case". It is most often used to bring up undesirable situations and can be used for desirable situations. **Wànyī** can be used before or after the subject.

> I. **Wànyī**+[Undesirable Possibility], [Possible Solution]
>
> II. **Wànyī**+[Undesirable Possibility], **zěnmebàn**?
>
> III. **Wànyī**+[Undesirable Possibility]+**ne**?

[14] 摄像师：万一到时候你女儿、你儿子是吧，到时候挣大钱了，你还接着干吗？

李老板：那……那是他们小孩儿的事情！

I.（1）朋友A：这件事儿，我尽量帮你打听打听。

朋友B：真是麻烦你了。万一打听不到，也没关系。

（2）朋友A：明天去爬山要带什么东西吗？

朋友B：带点儿吃的、喝的，再带个充电宝，万一手机没电，就麻烦了。

II.（3）朋友A：你开车开慢点儿，万一撞到人怎么办？

朋友B：没关系，我是老司机了。

III.（4）室友A：我现在去一趟银行。

室友B：你先给银行打个电话吧，万一今天不开门呢？

（5）员工A：我觉得经理不会同意我请假。

员工B：试试吧，万一他同意了呢？

11 叫 jiào

叫用来表达要求某人做某事，用于熟人、平级或上级对下级。也可以用**让**，但**让**比**叫**要客气一些，可用于对上级。

Jiào here is used as a causative verb that means "tell/cause/make (someone to do something)" and is used for close acquaintance, peers, and subordinates. A similar term is

ràng, which is more polite than **jiào** and can be used for superiors.

[14] 有钱了什么的，他叫他妈妈去享几天福，你不能在那儿一辈子啊！

（1）同事A：经理叫你去一下他的办公室。

　　　同事B：好的，我这就去。

（2）经理：你要请假？为什么？

　　　员工：我身体不太舒服，医生叫我休息一个礼拜。

（3）室友A：明天是星期天，你还要上班吗？

　　　室友B：公司叫我去加班。

（4）秘书：经理正在开会。您要给他留个话儿吗？

　　　客户：请您让他开完会以后给我打个电话，谢谢。

12　享福　xiǎng fú

享福的意思是享受幸福生活，生活得安乐美好（一般用于上了年纪的人）。享福是离合词，可以说**享几天福、享几年福**。

Xiǎng fú means to live in ease and comfort (usually for older generation). Xiǎng fú is a separable verb so that some other stuff can be put between **xiǎng** and **fú**, such as **xiǎng jǐ tiān fú, xiǎng jǐ nián fú**.

[14] 有钱了什么的，他叫他妈妈去享几天福，你不能在那儿一辈子啊！

（1）主任：老王，你下个月就要退休了。

　　　老王：辛苦了一辈子，回家享福去啦。

（2）邻居A：孩子那么孝顺，把你接过来住，你真享福啊！

　　　邻居B：我们一辈子没享过什么福，有地方住就很高兴啦！

（3）员工：怎么今天又要加班？

　　　经理：你们不是来享福的，好好干活儿吧。

（4）学生A：中国人喜欢先吃苦再享福。

　　　学生B：一直享福不是更好吗？

13 养家糊口　yǎngjiā-húkǒu

成语**养家糊口**的意思是勉强养活家人，让他们不饿肚子，常用来表示努力赚钱维持家庭生活。

Literally meaning "raise-family-fill-stomach", the idiom **yǎngjiā-húkǒu** means "to barely support one's family so that they don't get hungry". Now it is commonly used to refer to "support one's family".

[14] 高佑思：就哪样？

　　李老板：就是这个……生活，赚钱，养家糊口。

（1）朋友A：你喜不喜欢这份工作？

　　　朋友B：不是很喜欢，只是为了养家糊口。

（2）老同学A：你现在是经理了，可以啊！

　　　老同学B：家里老的、小的开销也很大，养家糊口都不够。

（3）朋友A：我没有上过学，现在只能打工。

　　　朋友B：先找一份养家糊口的工作，慢慢来。

（4）领导：你觉得什么样的工作是好工作？

　　　员工：一不用加班，二能养家糊口。

练习

一、填空

> 倒　烫　浓　盛　热闹　脾气　忍气吞声
> 退休　接着　收拾　万一　不赖

1. 孩子：这个菜闻起来真香，我可以先尝尝吗？
   妈妈：这菜刚做出来的，还很_____呢，等会儿我们一起吃。

2. 朋友A：我的老板_____很差，总是骂我，我该怎么办呢？
   朋友B：如果你没做错什么，你就别_____，去找他好好儿谈谈。

3. 朋友A：你父亲是警察吗？
   朋友B：是的，他现在已经_____了。

4. 丈夫：邻居家今天怎么这么_____啊？
   妻子：今天是他们家孩子的生日，正在庆祝生日呢。

5. 朋友A：你做的汤真_____！
   朋友B：我再给你_____一碗吧。

6. 妈妈：你的房间太乱了！
   孩子：我吃完饭就去_____一下。

7. 丈夫：你怎么还没睡？
   妻子：今天的咖啡太_____了，我喝了睡不着。

8. 经理：小王，快给客人_____杯茶。
   小王：好的。

9. 朋友A：这本小说特别有意思。
   朋友B：你看完以后让我_____看吧！

10. 朋友A：_____明天下雨怎么办？
    朋友B：明天不管刮风还是下雨，我们都正常参加跑步比赛。

二、配对

1. 你觉得我的论文写得怎么样？　　　　A. 我们应该照顾照顾他，给他一些帮助。

2. 你明天还来公园打篮球吗？　　　　　B. 我在路上随机找了10个人。

3. 你那儿有没有小刀、剪子之类的工具？　C. 实在太差了，我都无力吐槽了。

4. 告诉你一个好消息，我考上北京大学了！　D. 真不赖，唱得比我好多了。

5. 你觉得我歌唱得怎么样？　　　　　　E. 我会去打球，一打球就什么都忘掉了。

6. 今天你在早点铺干得怎么样？　　　　F. 看时间吧，没准儿会来。

7. 老王年纪大了，也没有钱。　　　　　G. 太好了，你真可以啊！

8. 当有压力的时候，你怎么释放呢？　　H. 好像有，我来找找。

9. 你是怎么进行调查的？　　　　　　　I. 累死我了，真没想到会这么忙。

三、完成对话

1. 朋友A：小王怎么还不来？

    朋友B：_____。（没准儿）

2. 朋友A：你有什么爱好？

    朋友B：_____。（……之类）

3. 妈妈：你跑来跑去，_____？（万一……）

    孩子：没事儿，我会小心的。

4. 朋友A：旅行应该带些什么东西呢？

    朋友B：_____。（万一……）

PART 3 第三部分

准备内容
熟读视频文本，准备情境重现及口头叙述，尽量脱稿表演。

课堂活动
老师引导学生轮流进行情境重现及口头叙述，老师及时给予反馈。

情境重现

老师与学生（或学生与学生）根据提示，合理表演视频里的情境。

1. 给不同的顾客拿早点。如果顾客问起来的话，给顾客解释一下自己的身份。
2. 跟李老板聊聊盲人顾客的情况。
3. 向来吃早饭的快递员了解一下他们的生活和工作情况。
4. 跟退休阿姨聊一聊她的生活。
5. 问问送奶工的生活和工作情况。

口头叙述

学生用自己的话，从不同的角度来复述视频里的故事。

1. 从李老板或者李大姐的角度，谈谈自己的早点铺、顾客和高佑思的工作。
2. 从盲人的角度，说说自己的生活和在早点铺的经历。
3. 从快递员或者外卖小哥的角度，聊聊自己的工作和在早点铺遇到的外国人。
4. 从送奶工的角度，说说自己的生活、工作和在早点铺的经历。
5. 从高佑思的角度，谈谈这次在早点铺工作的经历和感想。

PART 4 第四部分

准备内容
重看视频，根据视频话题准备问题，学习主持讨论的表达，准备课堂讨论。

课堂活动
学生轮流担任主持人，带领全班同学一起讨论。

跨文化访谈

如果课后邀请视频中的人物进行访谈，主持人可以问哪些问题，这些人物会怎么回答？请老师、同学们组织一次访谈，聊聊视频中的体验和想法。也请观众回答一些问题。以下的访谈提纲供师生选择使用。鼓励学生自己准备访谈问题，并邀请视频中其他人物加入访谈。

高佑思：
1. 你在早点铺主要做了哪些工作？
2. 你在早点铺都遇到了哪些不同的顾客？
3. 你觉得在早点铺最困难的工作是什么？
4. 有没有遇到什么困难？解决了吗？是怎么解决的？
5. 这次在早点铺的体验给你留下什么印象？

观众：
1. 你觉得这集视频什么地方让你感受最深？
2. 高佑思在什么地方让你觉得做得很好？为什么？
3. 你们国家有没有早点铺？大家都是怎么吃早点的？

PART 5
第五部分

✅ 准备内容
根据课外实践要求，出门做任务，写下笔记，准备口头报告。

👤 课堂活动
学生轮流进行口头报告，欢迎同学和老师提问，老师给予反馈。

💻 课外实践

在你生活的城市或者附近，都有哪些早点？价格怎么样？一般什么人会去买？这些早点你都吃过吗？如果还没有的话，去尝一次看看怎么样。能不能问问买早点的顾客们，向他们了解一下吃早点的习惯？如果早点铺的老板有空儿的话，方不方便了解一下他们的工作和生活？选择一个感兴趣的话题，准备一个报告，跟老师、同学们交流一下收获。

☕ 文化拓展

▲ **中国人的早餐种类为何如此丰富？**

中国人的早餐种类十分丰富，每个地区都至少有一种能够代表当地文化的早餐，比如北京的豆汁儿、兰州的牛肉面、南京的汤包、广州的早茶等等。早餐的种类为何如此丰富？主要是因为中国国土面积广阔，各个地区的地理环境不同，这就使得各地用来做早餐的食材以及各地人的口味偏好不同。北方的早餐多以面食和谷物为主，而南方以糯米、鱼虾为主。在如今这个交通便利的时代，在中国任何城市都可以吃到其他地区的特色早餐。不过，随着生活节奏的加快，不少人做不到每天都吃早餐，这对身体非常有害。只有早餐吃得好，工作、学习才能更有精神。

▲ Why do Chinese breakfast foods come in such varieties?

Chinese breakfast foods come in a rich variety. Each region has at least one representative breakfast, such as Beijing mung bean milk, Lanzhou beef noodle soup, Nanjing soup dumplings, and Guangzhou dim sum. Why do breakfast foods come in such varieties? The main reason is that China has a vast land area and various geographical environments, and so food ingredients and preferences markedly differ. People in the north primarily use flour and grain in their breakfasts, while people in the south primarily eat glutinous rice, fish, and shrimps. Thanks to more connected and convenient transportation system, one may find all kinds of breakfasts in any city. However, as the pace of life accelerates, many people sometimes skip breakfast, which is not recommended. Only by eating a good, healthy breakfast can one be more energetic at work and at school.

生词总表

A

哎呀	āiyā	[intj.]	[7-9级]	5
爱因斯坦	Àiyīnsītǎn	[p.n.]		2
安安全全	ān'ānquánquán			4
安全	ānquán	[adj.]	[2级]	4
安心	ānxīn	[adj.]	[7-9级]	4
按	àn	[v.]	[3级]	1
按照	ànzhào	[prep.]	[3级]	3

B

把	bǎ	[m.]	[3级]	6
拜拜	báibái	[v.]		1
拜访	bàifǎng	[v.]	[5级]	2
班长	bānzhǎng	[n.]	[2级]	4
搬	bān	[v.]	[3级]	6

伴	bàn	[v.]	[7-9级]	5
伴随	bànsuí	[v.]	[7-9级]	4
扮演	bànyǎn	[v.]	[5级]	3
帮忙	bāng máng			3
棒	bàng	[adj.]	[5级]	2
傍晚	bàngwǎn	[n.]	[6级]	5
包	bāo	[v.]	[1级]	6
包括	bāokuò	[v.]	[4级]	2
宝贵	bǎoguì	[adj.]	[4级]	3
保安	bǎo'ān	[n.]	[3级]	1
保持	bǎochí	[v.]	[3级]	3
保护	bǎohù	[v.]	[3级]	3
保暖	bǎo nuǎn		[7-9级]	3
保证	bǎozhèng	[v.]	[3级]	3
抱歉	bàoqiàn	[adj.]	[6级]	1
爆发	bàofā	[v.]	[6级]	3
背	bēi	[v.]	[3级]	2
北京师范大学	Běijīng Shīfàn Dàxué	[p.n.]		4
北京铁路局	Běijīng Tiělùjú	[p.n.]		5
背后	bèihòu	[n.]	[3级]	4
背景	bèijǐng	[n.]	[4级]	3
呗	bei	[part.]		1

奔波	bēnbō	[n.]	[7-9级]	6
奔跑	bēnpǎo	[v.]	[6级]	1
本	běn	[pron.]	[1级]	3
本来	běnlái	[adv.]	[3级]	3
本人	běnrén	[pron.]	[5级]	4
本身	běnshēn	[pron.]	[6级]	2
比如说	bǐrú shuō		[2级]	1
必须	bìxū	[aux.]	[2级]	4
毕业	bì yè		[4级]	4
变成	biànchéng	[v.]	[2级]	2
表示	biǎoshì	[v.]	[2级]	5
表现	biǎoxiàn	[v.]	[3级]	2
并且	bìngqiě	[conj.]	[3级]	2
拨	bō	[m.]	[7-9级]	6
拨打	bōdǎ	[v.]	[6级]	4
不过	búguò	[adv.]	[2级]	4
不计	bújì	[v.]		3
不赖	búlài	[adj.]		6
不管	bùguǎn	[conj.]	[4级]	3
不仅	bùjǐn	[conj.]	[3级]	1
不满	bùmǎn	[adj.]	[2级]	1
不巧	bù qiǎo			3

不停	bù tíng		[5级]	4
不同	bùtóng	[adj.]	[2级]	1
不一定	bù yídìng		[2级]	1
不怎么	bù zěnme		[6级]	2
步骤	bùzhòu	[n.]	[7-9级]	1
部	bù	[n.]	[3级]	5

C

财务	cáiwù	[n.]	[7-9级]	3
菜场	càichǎng	[n.]		6
参观	cānguān	[v.]	[2级]	3
参与	cānyù	[v.]	[4级]	3
餐车	cānchē	[n.]		5
餐品	cānpǐn	[n.]		1
策略	cèlüè	[n.]	[6级]	3
插兜	chā dōu			4
插上	chāshang			3
茶树菇	cháshùgū	[n.]		6
差不多	chàbuduō	[adj.]	[2级]	2
搀	chān	[v.]	[7-9级]	4
产品	chǎnpǐn	[n.]	[4级]	3

长期	chángqī	[adj.]	[3级]	2
常态	chángtài	[n.]	[7-9级]	4
场	chǎng	[m.]	[2级]	2
超过	chāoguò	[v.]	[2级]	3
超时	chāoshí	[v.]		1
超员	chāo yuán			5
车间	chējiān	[n.]	[7-9级]	3
车辆	chēliàng	[n.]	[2级]	5
车厢	chēxiāng	[n.]	[7-9级]	4
扯	chě	[v.]	[7-9级]	3
沉	chén	[adj.]	[4级]	3
成本	chéngběn	[n.]	[5级]	3
成功	chénggōng	[v.]	[3级]	3
成就	chéngjiù	[v.]	[3级]	3
成立	chénglì	[v.]	[3级]	2
成全	chéngquán	[v.]		2
成为	chéngwéi	[v.]	[2级]	1
成语	chéngyǔ	[n.]	[5级]	6
呈递	chéngdì	[v.]		1
乘车	chéng chē		[5级]	4
乘客	chéngkè	[n.]	[5级]	4
乘务	chéngwù	[n.]		5

程度	chéngdù	[n.]	[3级]	3
橙色	chéngsè	[n.]		3
驰名	chímíng	[v.]	[7-9级]	3
重复	chóngfù	[v.]	[2级]	4
抽烟	chōu yān		[4级]	5
出差	chū chāi		[5级]	3
出发	chūfā	[v.]	[4级]	1
出站信号机	chūzhàn xìnhàojī			4
初中	chūzhōng	[n.]	[3级]	2
除夕	chúxī	[n.]	[5级]	5
穿上	chuānshang		[4级]	4
创业	chuàngyè	[v.]	[3级]	3
春运	chūnyùn	[n.]		5
茨威格	Cíwēigé	[p.n.]		2
此时	cǐshí	[n.]	[5级]	3
匆匆	cōngcōng	[adj.]	[7-9级]	5
从来	cónglái	[adv.]	[3级]	4
粗	cū	[adj.]	[4级]	3
存在	cúnzài	[v.]	[3级]	4
措施	cuòshī	[n.]	[4级]	5
错过	cuòguò	[v.]	[6级]	5

D

搭配	dāpèi	[v.]	[6级]	3
达到	dá dào		[3级]	3
打	dǎ	[v.]	[1级]	5
打底裤	dǎdǐkù	[n.]		3
打工	dǎ gōng		[2级]	6
打造	dǎzào	[v.]	[6级]	3
打仗	dǎ zhàng		[7-9级]	5
大概	dàgài	[adv.]	[3级]	1
大姐	dàjiě	[n.]	[4级]	6
大咖	dàkā	[n.]		3
大卖特卖	dàmài-tèmài			3
大门	dàmén	[n.]	[2级]	4
大厅	dàtīng	[n.]	[5级]	6
大通六中	Dàtōng Liùzhōng	[p.n.]		2
大通县东峡民族完全中学	Dàtōng Xiàn Dōngxiá Mínzú Wánquán Zhōngxué	[p.n.]		2
代表	dàibiǎo	[v.]	[3级]	4
待	dāi	[v.]	[5级]	2
带	dài	[v.]	[2级]	5
单	dān	[m.]	[4级]	1

单王	dānwáng	[n.]		1
单位	dānwèi	[n.]	[2级]	5
单向	dānxiàng	[adj.]		5
单子	dānzi	[n.]		1
当	dāng	[prep.]	[2级]	1
当	dāng	[v.]	[2级]	3
当地	dāngdì	[n.]	[3级]	2
当空	dāngkōng	[v.]		2
当年	dāngnián	[n.]	[5级]	2
当时	dāngshí	[n.]	[2级]	3
当天	dāngtiān	[n.]	[6级]	4
当中	dāngzhōng	[n.]	[3级]	4
倒	dào	[v.]	[2级]	6
到达	dàodá	[v.]	[3级]	3
到底	dàodǐ	[adv.]	[3级]	1
到付	dàofù	[v.]		3
道床	dàochuáng	[n.]		4
道路	dàolù	[n.]	[2级]	6
得（分）	dé (fēn)	[v.]	[3级]	5
灯盏	dēngzhǎn	[n.]		5
等候	děnghòu	[v.]	[5级]	4
等于	děngyú	[v.]	[2级]	2

低于	dī yú		[5级]	1
抵达	dǐdá	[v.]	[6级]	3
地	dì	[n.]	[1级]	2
地步	dìbù	[n.]	[7-9级]	3
地区	dìqū	[n.]	[3级]	2
地上	dì shang		[1级]	3
地址	dìzhǐ	[n.]	[4级]	1
点餐	diǎn cān			1
点亮	diǎnliàng	[v.]		2
点名	diǎn míng		[4级]	4
电商	diànshāng	[n.]		3
店主	diànzhǔ	[n.]		3
调查	diàochá	[v.]	[3级]	3
订	dìng	[v.]	[3级]	3
订单	dìngdān	[n.]	[7-9级]	1
都	dōu	[adv.]	[1级]	4
豆腐脑儿	dòufunǎor	[n.]		6
豆浆	dòujiāng	[n.]	[7-9级]	6
独立	dúlì	[v.]	[4级]	2
肚子	dùzi	[n.]	[4级]	5
度过	dùguò		[4级]	5
段	duàn	[n.]	[2级]	5

队伍	duìwu	[n.]	[6级]	4
对(于)……来说	duì (yú)……lái shuō			3
对	duì	[m.]		6
对	duì	[prep.]	[1级]	2
对	duì	[v.]	[1级]	2
对讲机	duìjiǎngjī	[n.]		4
对于	duìyú	[prep.]	[4级]	1
顿	dùn	[m.]	[3级]	3

E

鹅毛	émáo	[n.]		3
欸	ēi	[intj.]		2
欸	éi	[intj.]		2
而	ér	[conj.]	[4级]	1
耳机	ěrjī	[n.]	[4级]	4
二战	Èrzhàn	[p.n.]		2

F

发财	fā cái		[7-9级]	5
发车台	fāchētái	[n.]		4

发货	fā huò			3
发票	fāpiào	[n.]	[4级]	1
发生	fāshēng	[v.]	[3级]	4
发送	fāsòng	[v.]	[3级]	5
发现	fāxiàn	[v.]	[2级]	1
法则	fǎzé	[n.]		3
烦	fán	[adj.]	[4级]	6
反复	fǎnfù	[adv.]	[3级]	4
反应	fǎnyìng	[v.]	[3级]	1
反正	fǎnzhèng	[adv.]	[3级]	3
返程	fǎnchéng	[v.]		5
方面	fāngmiàn	[n.]	[2级]	3
方向	fāngxiàng	[n.]	[2级]	5
房租	fángzū	[n.]	[3级]	6
放弃	fàngqì	[v.]	[5级]	2
放松	fàngsōng	[v.]	[4级]	2
……分之……	……fēn zhī ……		[4级]	3
氛围	fēnwéi	[n.]	[7-9级]	5
份	fèn	[m.]	[2级]	1
风口	fēngkǒu	[n.]		3
风起云涌	fēngqǐ-yúnyǒng			3
疯	fēng	[adj.]	[5级]	1

疯狂	fēngkuáng	[adj.]	[5级]	3
夫妇	fūfù	[n.]	[4级]	6
扶手	fúshǒu	[n.]		4
服务	fúwù	[v.]	[2级]	1
负责	fùzé	[v.]	[3级]	1
复杂	fùzá	[adj.]	[3级]	3
副	fù	[adj.]	[6级]	4

G

改善	gǎishàn	[v.]	[4级]	3
赶	gǎn	[v.]	[3级]	3
赶紧	gǎnjǐn	[adv.]	[3级]	1
赶着	gǎnzhe			4
敢	gǎn	[aux.]	[3级]	2
感动	gǎndòng	[adj.]	[2级]	3
感觉	gǎnjué	[v.]	[2级]	1
感受	gǎnshòu	[v.]	[3级]	5
感谢	gǎnxiè	[v.]	[2级]	1
感谢信	gǎnxièxìn	[n.]		3
干部	gànbù	[n.]	[7-9级]	5
干活儿	gàn huór		[2级]	2

干吗	gànmá	[pron.]	[3级]	2
刚刚	gānggāng	[adv.]	[2级]	3
岗位	gǎngwèi	[n.]	[6级]	4
高达	gāo dá			3
高峰期	gāofēngqī	[n.]	[7-9级]	1
高中	gāozhōng	[n.]	[2级]	2
搞	gǎo	[v.]	[5级]	3
告别	gàobié	[v.]	[3级]	5
哥们儿	gēmenr	[n.]		1
哥斯达黎加	Gēsīdálíjiā	[p.n.]		2
个人	gèrén	[n.]	[3级]	3
各个	gègè	[pron.]	[4级]	5
各位	gè wèi		[3级]	4
各种	gè zhǒng		[3级]	3
各自	gèzì	[pron.]	[3级]	2
根	gēn	[m.]	[4级]	5
跟得上	gēn de shàng			3
工厂	gōngchǎng	[n.]	[3级]	3
工资	gōngzī	[n.]	[3级]	1
功劳	gōngláo	[n.]	[7-9级]	2
恭喜发财	gōngxǐ fācái			5
共青团	Gòngqīngtuán	[p.n.]		5

共同点	gòngtóngdiǎn	[n.]		6
勾连	gōulián	[v.]		4
沟通	gōutōng	[v.]	[5级]	1
构筑	gòuzhù	[v.]		4
姑娘	gūniang	[n.]	[3级]	6
菇	gū	[n.]		6
鼓励	gǔlì	[v.]	[5级]	3
故宫	Gùgōng	[p.n.]		4
顾不上	gù bu shàng		[7-9级]	5
顾客	gùkè	[n.]	[4级]	1
拐	guǎi	[v.]	[6级]	4
关闭	guānbì	[v.]	[4级]	4
管	guǎn	[v.]	[3级]	2
广播	guǎngbō	[n.]	[3级]	4
归属	guīshǔ	[v.]	[7-9级]	5
国际	guójì	[adj.]	[2级]	2
国际米兰	Guójì Mǐlán	[p.n.]		2
国贸	Guómào	[p.n.]		4
过	guò	[v.]		3
过程	guòchéng	[n.]	[3级]	4
过道	guòdào	[n.]	[7-9级]	5
过年	guò nián		[2级]	5

过去	guòqù	[n.]	[2级]	2

H

海外	hǎiwài	[n.]	[6级]	3
海鲜菇	hǎixiānggū	[n.]		6
寒假	hánjià	[n.]	[4级]	5
喊	hǎn	[v.]	[2级]	4
汗水	hànshuǐ	[n.]	[7-9级]	1
行业	hángyè	[n.]	[4级]	1
好好	hǎohǎo	[adv.]	[3级]	2
好像	hǎoxiàng	[adv.]	[2级]	5
合	hé	[v.]	[3级]	1
合着	hézhe			5
河南	Hénán	[p.n.]		4
核对	héduì	[v.]	[7-9级]	1
黑车	hēichē	[n.]		2
嘿	hēi	[intj.]		1
红包	hóngbāo	[n.]	[4级]	5
厚	hòu	[adj.]	[4级]	6
呼吸	hūxī	[v.]	[4级]	4
湖北	Húběi	[p.n.]		5

互联网	hùliánwǎng	[n.]	[3级]	3
滑	huá	[adj.]	[5级]	6
化	huà	[suf.]	[3级]	4
坏人	huàirén	[n.]	[2级]	4
缓解	huǎnjiě	[v.]	[4级]	5
换岗	huàn gǎng			5
皇家马德里	Huángjiā Mǎdélǐ	[p.n.]		2
黄家驹	Huáng Jiājū	[p.n.]		2
回	huí	[v.]		3
回复	huífù	[v.]	[4级]	3
活	huó	[v.]	[3级]	6
活动	huódòng	[n.]	[2级]	2
和面	huó miàn			6
货	huò	[n.]	[4级]	3
获得	huòdé	[v.]	[4级]	2

J

积累	jīlěi	[v.]	[4级]	2
基本上	jīběnshàng	[adv.]	[3级]	2
基层	jīcéng	[n.]	[7-9级]	5
激动	jīdòng	[adj.]	[4级]	3

激励	jīlì	[v.]	[7-9级]	3
激增	jīzēng	[v.]		1
及	jí	[conj.]	[7-9级]	5
即将	jíjiāng	[adv.]	[4级]	4
集体	jítǐ	[n.]	[3级]	5
集团	jítuán	[n.]	[5级]	5
挤	jǐ	[v.]	[5级]	5
给予	jǐyǔ	[v.]	[6级]	5
计划	jìhuà	[n.]	[2级]	2
纪念堂	jìniàntáng	[n.]		4
技巧	jìqiǎo	[n.]	[4级]	1
继续	jìxù	[v.]	[3级]	3
加	jiā	[v.]	[2级]	3
加班	jiā bān		[4级]	3
加快	jiākuài	[v.]	[3级]	6
加入	jiārù	[v.]	[4级]	4
加上	jiāshang		[5级]	3
加油	jiā yóu		[2级]	2
家庭	jiātíng	[n.]	[2级]	2
家务	jiāwù	[n.]	[4级]	6
假装	jiǎzhuāng	[v.]	[7-9级]	3
假期	jiàqī	[n.]	[2级]	6

价格	jiàgé	[n.]	[3级]	3
坚持	jiānchí	[v.]	[3级]	4
减少	jiǎnshǎo	[v.]	[4级]	1
建议	jiànyì	[v.]	[3级]	3
建筑工	jiànzhùgōng	[n.]		4
将	jiāng	[prep.]	[5级]	3
将来	jiānglái	[n.]	[3级]	2
讲课	jiǎng kè		[6级]	2
交错	jiāocuò	[v.]		6
交易	jiāoyì	[n.]	[3级]	3
角色	juésè	[n.]	[4级]	3
脚	jiǎo	[m.]	[2级]	3
叫	jiào	[v.]	[1级]	6
教练	jiàoliàn	[n.]	[3级]	2
教育	jiàoyù	[n.]	[2级]	2
接触	jiēchù	[v.]	[5级]	6
接受	jiēshòu	[v.]	[2级]	5
接下来	jiē xialai		[2级]	2
接着	jiēzhe	[adv.]	[2级]	6
街上	jiē shang			3
节	jié	[m.]	[2级]	4
节奏感	jiézòugǎn	[n.]		3

结果	jiéguǒ	[conj.]	[2级]	3
解放	jiěfàng	[v.]	[5级]	6
解释	jiěshì	[v.]	[4级]	3
今日	jīnrì	[n.]	[5级]	4
金融	jīnróng	[n.]	[6级]	3
金针菇	jīnzhēngū	[n.]		6
仅仅	jǐnjǐn	[adv.]	[3级]	2
紧张	jǐnzhāng	[adj.]	[3级]	2
进	jìn	[v.]	[1级]	3
进货	jìn huò			3
进土	jìn tǔ			4
进行	jìnxíng	[v.]	[2级]	2
进站信号机	jìnzhàn xìnhàojī			4
经过	jīngguò	[n.]	[2级]	4
经济条件	jīngjì tiáojiàn			2
经验	jīngyàn	[n.]	[3级]	2
惊喜	jīngxǐ	[adj.]	[6级]	1
兢兢业业	jīngjīngyèyè	[adj.]	[7-9级]	4
精神	jīngshen	[adj.]	[3级]	4
静	jìng	[v.]		1
90后	jiǔlínghòu	[n.]		4
酒店	jiǔdiàn	[n.]	[2级]	3

巨大	jùdà	[adj.]	[4级]	3
俱乐部	jùlèbù	[n.]	[5级]	2
距	jù	[v.]	[7-9级]	3
聚	jù	[v.]	[4级]	5
决战	juézhàn	[v.]		3

K

开	kāi	[v.]		1
开（店）	kāi (diàn)	[v.]		3
开工	kāi gōng		[7-9级]	1
开慢一点儿	kāimàn yìdiǎnr			6
开门	kāi mén			4
开水	kāishuǐ	[n.]	[4级]	5
开玩笑	kāi wánxiào		[1级]	3
考察	kǎochá	[v.]	[4级]	3
考上	kǎoshang			2
靠	kào	[v.]	[2级]	3
靠（近）	kào (jìn)	[v.]	[5级]	4
可能	kěnéng	[n.]	[2级]	2
可怕	kěpà	[adj.]	[2级]	4
可以	kěyǐ	[adj.]		1

可以	kěyǐ	[adj.]		6
客服	kèfú	[n.]		3
客户	kèhù	[n.]	[5级]	3
客流	kèliú	[n.]	[7-9级]	5
客运	kèyùn	[n.]	[7-9级]	4
课程	kèchéng	[n.]	[3级]	2
肯	kěn	[aux.]	[6级]	1
肯定	kěndìng	[adv.]	[5级]	3
空号	kōnghào	[n.]		4
恐怖片	kǒngbùpiàn	[n.]		4
空隙	kòngxì	[n.]	[7-9级]	5
口音	kǒuyīn	[n.]	[7-9级]	6
扣掉	kòudiào			1
库存	kùcún	[n.]		3
垮	kuǎ	[v.]	[7-9级]	3
快递	kuàidì	[n.]	[4级]	1
快速	kuàisù	[adj.]	[3级]	1
亏	kuī	[v.]	[5级]	3
困难	kùnnan	[n.]	[3级]	2
扩展	kuòzhǎn	[v.]	[4级]	3

L

垃圾食品	lājī shípǐn			3
来	lái	[v.]		5
来	lái	[v.]		6
来得及	lái de jí		[4级]	6
来回	láihuí	[n.]	[7-9级]	3
来自	láizì	[v.]	[2级]	1
劳动	láodòng	[v.]	[5级]	2
老板	lǎobǎn	[n.]	[3级]	4
老二	lǎo'èr	[n.]		4
老家	lǎojiā	[n.]	[4级]	5
老司机	lǎosījī	[n.]		3
老头儿	lǎotóur	[n.]	[3级]	6
老外	lǎowài	[n.]		1
类	lèi	[n.]	[3级]	1
类型	lèixíng	[n.]	[4级]	3
礼貌	lǐmào	[adj.]	[5级]	1
里程	lǐchéng	[n.]		4
理解	lǐjiě	[v.]	[3级]	1
理想	lǐxiǎng	[adj.]	[2级]	2
力量	lìliàng	[n.]	[3级]	2

厉害	lìhai	[adj.]	[5级]	5
立	lì	[v.]	[5级]	2
利用	lìyòng	[v.]	[3级]	3
俩	liǎ	[n.m.]	[4级]	6
连……都……	lián……dōu……			3
联系	liánxì	[v.]	[3级]	3
量	liàng	[n.]	[4级]	4
量级	liàngjí	[n.]		3
了解	liǎojiě	[v.]	[4级]	1
列车员	lièchēyuán	[n.]		5
临客	línkè	[n.]		5
凌晨	língchén	[n.]	[7-9级]	3
留守儿童	liúshǒu értóng			2
流程	liúchéng	[n.]	[7-9级]	3
流量	liúliàng	[n.]	[7-9级]	3
录	lù	[v.]	[3级]	6
路人	lùrén	[n.]		1
乱	luàn	[adj.]	[3级]	3
轮班	lún bān			4
漯河	Luòhé	[p.n.]		5
旅客	lǚkè	[n.]	[2级]	5

M

麻烦	máfan	[v.]	[3级]	1
马克思	Mǎkèsī	[p.n.]		2
马塞洛	Mǎsàiluò	[p.n.]		2
嘛	ma	[part.]		3
卖不出去	mài bu chūqù			3
卖家秀	màijiāxiù	[n.]		3
蛮	mán	[adv.]	[7-9级]	1
漫长	màncháng	[adj.]	[5级]	3
慢走	mànzǒu	[v.]		1
忙着	mángzhe			6
盲人	mángrén	[n.]	[6级]	6
没法儿	méifǎr	[v.]	[4级]	2
没准儿	méi zhǔnr			6
美好	měihǎo	[adj.]	[3级]	3
美团	Měituán	[p.n.]		1
梦	mèng	[n.]	[4级]	2
梦想	mèngxiǎng	[n.]	[4级]	2
密码	mìmǎ	[n.]	[4级]	3
面料	miànliào	[n.]		3
面临	miànlín	[v.]	[4级]	3

民族	mínzú	[n.]	[3级]	1
鸣谢	míngxiè	[v.]		5
末班车	mòbānchē	[n.]		4
陌生人	mòshēngrén	[n.]		4
某	mǒu	[pron.]	[3级]	4
目标	mùbiāo	[n.]	[3级]	2
目的地	mùdìdì	[n.]	[7-9级]	4
目前	mùqián	[n.]	[3级]	3
墓地	mùdì	[n.]	[7-9级]	2

N

拿走	názǒu		[6级]	6
那个	nàge			3
奶茶	nǎichá	[n.]	[3级]	1
南京邮电大学	Nánjīng Yóudiàn Dàxué	[p.n.]		
南站	Nánzhàn	[p.n.]		4
难过	nánguò	[adj.]	[2级]	1
呢	ne	[part.]		1
内容	nèiróng	[n.]	[3级]	5
内向	nèixiàng	[adj.]	[7-9级]	2
能够	nénggòu	[aux.]	[2级]	1

能力	nénglì	[n.]	[3级]	1
嗯	ǹg	[intj.]		1
年初一	nián chūyī			5
年底	niándǐ	[n.]	[3级]	6
农活儿	nónghuór	[n.]		2
农贸市场	nóngmào shìchǎng			6
浓	nóng	[adj.]	[4级]	6
弄	nòng	[v.]	[2级]	6
女装	nǚzhuāng	[n.]		3

O

欧冠	Ōuguàn	[p.n.]		2
哦	ò	[intj.]	[7-9级]	1

P

怕	pà	[v.]	[2级]	4
拍摄	pāishè	[v.]	[5级]	1
排队	pái duì		[2级]	5
牌子	páizi	[n.]	[3级]	3
派单	pài dān			1

胖子	pàngzi	[n.]	[4级]	3
跑	pǎo	[v.]		1
跑步	pǎo bù		[3级]	4
泡面	pàomiàn / pào miàn	[n./v.]		5
陪	péi	[v.]	[5级]	4
培训	péixùn	[v.]	[4级]	5
培养	péiyǎng	[v.]	[4级]	2
赔钱	péi qián		[7-9级]	3
赔钱赚吆喝	péi qián zhuàn yāohe			3
配合	pèihé	[v.]	[3级]	2
批	pī	[m.]	[4级]	3
批发	pīfā	[v.]	[7-9级]	3
脾气	píqi	[n.]	[5级]	6
屁股	pìgu	[n.]		3
骗	piàn	[v.]	[5级]	1
拼	pīn	[v.]	[5级]	1
拼命	pīn mìng		[7-9级]	3
平常	píngcháng	[adj.]	[2级]	6
平方公里	píngfāng gōnglǐ			2
平菇	pínggū	[n.]		6
平衡	pínghéng	[adj.]	[6级]	3
平均	píngjūn	[v.]	[4级]	1

平时	píngshí	[n.]	[2级]	5
平台	píngtái	[n.]	[6级]	3
迫不得已	pòbùdéyǐ			1

Q

期间	qījiān	[n.]	[4级]	3
其实	qíshí	[adv.]	[3级]	1
起	qǐ	[v.]	[1级]	4
起立	qǐlì	[v.]		2
气氛	qìfēn	[n.]	[6级]	5
千米	qiānmǐ	[m.]		5
千万	qiānwàn	[num.]		3
前台	qiántái	[n.]	[7-9级]	1
钱包	qiánbāo	[n.]	[1级]	4
抢走	qiǎngzǒu			1
敲	qiāo	[v.]	[5级]	1
亲	qīn	[n.]	[3级]	3
青海省	Qīnghǎi Shěng	[p.n.]		2
青训部	qīngxùnbù	[n.]		2
轻松	qīngsōng	[adj.]	[4级]	1
清晨	qīngchén	[n.]	[5级]	5

清理	qīnglǐ	[v.]	[5级]	3
清扫	qīngsǎo	[v.]		4
清站	qīng zhàn			4
情况	qíngkuàng	[n.]	[3级]	1
秋裤	qiūkù	[n.]		3
球迷	qiúmí	[n.]	[3级]	2
区别	qūbié	[n.]	[3级]	3
取	qǔ	[v.]	[2级]	1
取餐	qǔ cān			1
取代不了	qǔdài bù liǎo			2
取回	qǔhuí			4
全程	quánchéng	[n.]	[7-9级]	5
全国	quán guó		[2级]	5
全国各地	quánguó gèdì			2
全世界	quán shìjiè		[5级]	1
全体	quántǐ	[n.]	[2级]	5
缺点	quēdiǎn	[n.]	[3级]	3
却	què	[adv.]	[4级]	4
确保	quèbǎo	[v.]	[3级]	4
确定	quèdìng	[v.]	[3级]	3
确认	quèrèn	[v.]	[4级]	1
确实	quèshí	[adv.]	[3级]	2

| 群 | qún | [n.] | [3级] | 3 |

R

热潮	rècháo	[n.]	[7-9级]	3
热腾腾	rètēngtēng	[adj.]	[7-9级]	6
人次	réncì	[m.]	[7-9级]	4
人家	rénjia	[pron.]	[4级]	5
人口	rénkǒu	[n.]	[2级]	4
人生	rénshēng	[n.]	[3级]	3
人员	rényuán	[n.]	[3级]	3
忍气吞声	rěnqì-tūnshēng			6
日均	rìjūn	[v.]		5
荣幸	róngxìng	[adj.]	[7-9级]	6
如今	rújīn	[n.]	[4级]	4
如同	rútóng	[v.]	[5级]	1
软卧	ruǎnwò	[n.]		5

S

| 杀 | shā | [v.] | [5级] | 5 |
| 啥 | shá | [pron.] | | 6 |

商家	shāngjiā	[n.]		3
商量	shāngliang	[v.]	[2级]	5
上门	shàng mén		[4级]	6
稍等	shāo děng			1
稍微	shāowēi	[adv.]	[5级]	1
设计	shèjì	[n.]	[3级]	3
摄像师	shèxiàngshī	[n.]		3
身	shēn	[m.]		4
身体	shēntǐ	[n.]	[1级]	4
深刻	shēnkè	[adj.]	[3级]	5
深圳	Shēnzhèn	[p.n.]		6
什么的	shénmede	[part.]		4
生产	shēngchǎn	[v.]	[3级]	3
生活	shēnghuó	[n.]	[2级]	2
生肉	shēngròu	[n.]		6
生意	shēngyi	[n.]	[3级]	5
失衡	shīhéng	[v.]		2
失主	shīzhǔ	[n.]		4
石家庄	Shíjiāzhuāng	[p.n.]		5
时	shí	[n.]	[3级]	5
实话	shíhuà	[n.]	[7-9级]	3
实现	shíxiàn	[v.]	[2级]	2

食材	shícái	[n.]		6
世上	shìshang	[n.]		6
市场	shìchǎng	[n.]	[3级]	3
似的	shìde	[part.]	[4级]	5
试着	shìzhe			4
视频	shìpín	[n.]	[5级]	1
释放	shìfàng	[v.]	[7-9级]	6
收到	shōudào		[2级]	1
收获	shōuhuò	[n.]	[4级]	2
收钱	shōu qián			4
收入	shōurù	[n.]	[2级]	1
收拾	shōushi	[v.]	[5级]	6
首先	shǒuxiān	[pron.]	[3级]	3
蔬菜	shūcài	[n.]	[5级]	6
熟	shú	[adj.]	[2级]	6
熟悉	shúxi	[v.]	[5级]	2
数	shù	[n.]	[2级]	1
数据	shùjù	[n.]	[4级]	3
数量	shùliàng	[n.]	[3级]	1
刷	shuā	[v.]	[4级]	4
摔	shuāi	[v.]	[5级]	3
双十一	Shuāngshíyī	[p.n.]		3

爽	shuǎng	[adj.]	[6级]	3
顺利	shùnlì	[adj.]	[2级]	6
说不顺	shuō bu shùn			1
说真的	shuō zhēnde		[7-9级]	3
四川	Sìchuān	[p.n.]		6
送	sòng	[v.]		1
送餐	sòng cān			1
送电	sòng diàn			4
送奶工	sòngnǎigōng			6
苏醒	sūxǐng	[v.]	[7-9级]	4
素昧平生	sùmèipíngshēng			4
速度	sùdù	[n.]	[3级]	3
算（是）	suàn(shì)	[v.]	[2级]	2
随便	suíbiàn	[v.]	[2级]	3
随机	suíjī	[adj.]	[7-9级]	6
随手	suíshǒu	[adv.]	[4级]	4
所	suǒ	[m.]	[3级]	6
所有	suǒyǒu	[adj.]	[2级]	1

T

踏	tà	[v.]	[6级]	5

台	tái	[m.]	[3级]	2
态度	tàidù	[n.]	[2级]	2
弹性	tánxìng	[n.]	[7-9级]	3
汤	tāng	[n.]	[3级]	6
堂	táng	[m.]	[7-9级]	2
糖	táng	[n.]	[3级]	6
烫	tàng	[adj.]	[7-9级]	6
烫台	tàngtái	[n.]		3
趟	tàng	[m.]	[6级]	5
掏钱	tāo qián		[7-9级]	3
讨论	tǎolùn	[v.]	[2级]	3
套路	tàolù	[n.]		3
特点	tèdiǎn	[n.]	[2级]	3
特价	tèjià	[n.]	[4级]	3
提	tí	[v.]	[2级]	3
提醒	tí xǐng		[4级]	3
体验	tǐyàn	[v.]	[3级]	1
天安门	Tiān'ānmén	[p.n.]		4
天赋	tiānfù	[n.]	[7-9级]	2
天伦之乐	tiānlúnzhīlè		[6级]	6
填饱	tiánbǎo			6
挑	tiāo	[v.]	[4级]	3

跳脱	tiàotuō	[v.]		2
停止	tíngzhǐ	[v.]	[3级]	4
通过	tōngguò	[prep.]	[2级]	2
同时	tóngshí	[n.]	[2级]	1
同样	tóngyàng	[adj.]	[2级]	3
头	tóu	[adj.]	[3级]	6
头儿	tóur	[n.]		3
头晕	tóu yūn		[7-9级]	4
投资	tóu zī		[4级]	3
突然间	tūrán jiān			4
土豆	tǔdòu	[n.]	[5级]	2
吐槽	tǔ cáo			6
团队	tuánduì	[n.]	[6级]	3
团结就是力量	tuánjié jiù shì lìliang			3
团委	tuánwěi	[n.]		5
团员	tuányuán	[n.]	[7-9级]	5
退休	tuì xiū		[3级]	6
脱单	tuō dān			3
脱节	tuō jié		[7-9级]	2

W

挖	wā	[v.]	[6级]	2
外卖	wàimài	[n.]	[2级]	1
外卖员	wàimàiyuán	[n.]		1
外送	wàisòng	[v.]		1
完全	wánquán	[adv.]	[2级]	2
完善	wánshàn	[v.]	[3级]	3
万一	wànyī	[conj.]	[4级]	6
万亿	wànyì	[num.]		3
危险	wēixiǎn	[adj.]	[3级]	4
微薄	wēibó	[adj.]		2
微笑	wēixiào	[v.]	[4级]	1
微信	Wēixìn	[p.n.]	[7-9级]	3
为	wéi	[v.]	[3级]	4
尾号	wěihào	[n.]		1
为	wèi	[prep.]	[2级]	2
为了	wèile	[prep.]	[3级]	1
为人民服务	wèi rénmín fúwù			4
为止	wéizhǐ	[v.]	[5级]	1
维护	wéihù	[v.]	[4级]	3
卫生间	wèishēngjiān	[n.]	[3级]	4

未	wèi	[adv.]	[7-9级]	4
未知数	wèizhīshù	[n.]	[7-9级]	2
温暖	wēnnuǎn	[adj.]	[3级]	6
卧铺	wòpù	[n.]	[6级]	5
无	wú	[v.]	[4级]	4
无论	wúlùn	[conj.]	[4级]	1
无数	wúshù	[adj.]	[4级]	3
无所谓	wúsuǒwèi	[v.]	[4级]	5
五湖四海	wǔhú-sìhǎi			2
武昌	Wǔchāng	[p.n.]		5

X

西班牙	Xībānyá	[p.n.]		2
西宁市	Xīníng Shì	[p.n.]		2
吸引力	xīyǐnlì	[n.]		3
习惯	xíguàn	[v.]	[2级]	1
习以为常	xíyǐwéicháng			5
系统	xìtǒng	[n.]	[4级]	4
细	xì	[adj.]	[4级]	3
下班	xià bān		[1级]	4
下单	xià dān			3

下行车头	xiàxíng chētóu			4
吓死	xiàsǐ			4
先下后上	xiān xià hòu shàng			4
掀	xiān	[v.]	[7-9级]	3
现代	xiàndài	[adj.]	[3级]	2
现有	xiànyǒu	[adj.]	[5级]	3
线路	xiànlù	[n.]	[6级]	4
馅儿	xiànr	[n.]	[7-9级]	6
相当	xiāngdāng	[adv.]	[3级]	3
相当于	xiāngdāng yú		[7-9级]	5
相对	xiāngduì	[adj.]	[7-9级]	1
相对来说	xiāngduì láishuō			1
相遇	xiāngyù	[v.]	[7-9级]	4
香菇	xiānggū	[n.]		6
享	xiǎng	[v.]	[7-9级]	6
享福	xiǎng fú			6
享受	xiǎngshòu	[v.]	[5级]	2
想不到	xiǎng bu dào		[6级]	2
想法	xiǎngfǎ	[n.]	[2级]	3
想象	xiǎngxiàng	[v.]	[4级]	2
消防	xiāofáng	[v.]	[5级]	4
消费者	xiāofèizhě	[n.]	[5级]	3

消息	xiāoxi	[n.]	[3级]	3
销量	xiāoliàng	[n.]	[7-9级]	3
销售额	xiāoshòué	[n.]		3
小朋友	xiǎopéngyǒu	[n.]	[1级]	2
孝感	Xiàogǎn	[p.n.]		5
笑容	xiàoróng	[n.]	[6级]	1
心安	xīn'ān	[v.]		5
心仪	xīnyí	[v.]		2
心脏	xīnzàng	[n.]	[6级]	4
辛苦	xīnkǔ	[adj.]	[5级]	1
辛苦	xīnkǔ	[v.]		3
新品	xīnpǐn	[n.]		3
行	xíng	[v.]	[1级]	1
行程	xíngchéng	[n.]	[6级]	4
形容	xíngróng	[v.]	[4级]	5
形象	xíngxiàng	[n.]	[3级]	4
型号	xínghào	[n.]	[4级]	3
醒	xǐng	[v.]	[4级]	5
杏鲍菇	xìngbàogū	[n.]		6
幸福	xìngfú	[adj.]	[3级]	2
性	xìng	[suf.]	[3级]	5
胸牌	xiōngpái	[n.]		4

虚岁	xūsuì	[n.]		2
续	xù	[v.]	[7-9级]	4
宣传	xuānchuán	[v.]	[3级]	3
选拔	xuǎnbá	[v.]	[6级]	5
选择	xuǎnzé	[v.]	[4级]	1
学霸	xuébà	[n.]		3
血路	xuèlù	[n.]		5
巡视	xúnshì	[v.]		4

Y

压力	yālì	[n.]	[3级]	5
烟火	yānhuǒ	[n.]	[7-9级]	6
严格	yángé	[adj.]	[4级]	5
眼	yǎn	[m.]	[2级]	5
演习	yǎnxí	[v.]	[7-9级]	4
养	yǎng	[v.]	[2级]	6
养家糊口	yǎngjiā-húkǒu			6
样品	yàngpǐn	[n.]	[7-9级]	3
样子	yàngzi	[n.]	[2级]	4
吆喝	yāohe	[v.]		3
要	yào	[conj.]	[1级]	4

要不	yàobu	[conj.]	[7-9级]	2
也	yě	[adv.]		1
业务	yèwù	[n.]	[5级]	3
夜班	yèbān	[n.]	[7-9级]	1
夜晚	yèwǎn	[n.]	[7-9级]	5
一线	yīxiàn	[n.]	[7-9级]	3
一辈子	yíbèizi	[n.]	[5级]	6
一部分	yíbùfen	[pron.]	[2级]	3
一路上	yílù shang		[6级]	5
一切	yíqiè	[pron.]	[3级]	1
一趟趟	yí tàngtàng			5
依赖	yīlài	[v.]	[6级]	3
遗留物	yíliúwù	[n.]		4
以……为……	yǐ……wéi……			5
以及	yǐjí	[conj.]	[4级]	5
以来	yǐlái	[n.]	[3级]	4
以色列	Yǐsèliè	[p.n.]		1
以上	yǐshàng	[n.]	[2级]	1
义乌	Yìwū	[p.n.]		3
意大利	Yìdàlì	[p.n.]		2
意识	yìshí	[v.]	[5级]	4
意义	yìyì	[n.]	[3级]	2

印象	yìnxiàng	[n.]	[3级]	5
迎来	yínglái		[6级]	6
盈利	yínglì	[n.]	[7-9级]	3
营销	yíngxiāo	[v.]		3
硬卧	yìngwò	[n.]		5
硬座	yìngzuò	[n.]		5
用餐	yòng cān		[7-9级]	1
优秀	yōuxiù	[adj.]	[4级]	5
尤其	yóuqí	[adv.]	[5级]	1
由	yóu	[prep.]	[3级]	5
犹太民族	Yóutài Mínzú	[p.n.]		2
犹豫	yóuyù	[adj.]	[5级]	2
油条	yóutiáo	[n.]		6
有限公司	yǒuxiàn gōngsī			5
又	yòu	[adv.]	[2级]	1
于	yú	[prep.]	[6级]	6
于是	yúshì	[conj.]	[4级]	3
愉快	yúkuài	[adj.]	[6级]	1
与	yǔ	[conj.]	[6级]	4
语文	yǔwén	[n.]		2
预计	yùjì	[v.]	[3级]	5
遇到	yùdào		[4级]	2

遇上	yùshang		[7-9级]	4
员工	yuángōng	[n.]		3
原本	yuánběn	[adj.]	[7-9级]	2
约	yuē	[adv.]	[3级]	1
约会	yuēhuì	[v.]	[4级]	3
乐队	yuèduì	[n.]	[3级]	3
越……越……	yuè……yuè……			2
晕	yūn	[v.]	[6级]	4
晕菜	yūncài	[v.]		4
允许	yǔnxǔ	[v.]	[6级]	5
运动员	yùndòngyuán	[n.]	[4级]	2
运费	yùnfèi	[n.]		3
运行	yùnxíng	[v.]	[5级]	5
运输	yùnshū	[v.]	[3级]	5
运营	yùnyíng	[v.]	[7-9级]	3

Z

再接再厉	zàijiē-zàilì			3
咱	zán	[pron.]	[2级]	5
咱们	zánmen	[pron.]	[2级]	4
暂时	zànshí	[adj.]	[5级]	2

早点铺	zǎodiǎnpù	[n.]		6
早起	zǎo qǐ			4
早晚	zǎowǎn	[n.]	[6级]	4
责任	zérèn	[n.]	[3级]	4
增长	zēngzhǎng	[v.]	[3级]	3
摘	zhāi	[v.]	[5级]	4
展示	zhǎnshì	[v.]	[5级]	3
站起来	zhàn qilai			4
站区长	zhànqūzhǎng	[n.]		4
站台	zhàntái	[n.]	[6级]	4
站稳扶好	zhànwěn fúhǎo			4
站务员	zhànwùyuán	[n.]		4
站长	zhànzhǎng	[n.]		4
长大	zhǎngdà		[2级]	2
涨钱	zhǎng qián			6
账号	zhànghào	[n.]	[7-9级]	3
着急	zháo jí		[4级]	3
照	zhào	[v.]	[3级]	2
照看	zhàokàn	[v.]		2
折返	zhéfǎn	[v.]		5
浙江	Zhèjiāng	[p.n.]		3
珍惜	zhēnxī	[v.]	[5级]	1

争取	zhēngqǔ	[v.]	[3级]	2
整	zhěng	[v.]	[3级]	1
整个	zhěnggè	[adj.]	[3级]	3
郑州	Zhèngzhōu	[p.n.]		4
挣钱	zhèng qián		[5级]	6
之后	zhīhòu	[n.]	[4级]	1
之间	zhī jiān		[4级]	1
之类	zhī lèi		[6级]	6
之内	zhī nèi		[5级]	3
之前	zhīqián	[n.]	[4级]	2
支	zhī	[m.]	[3级]	5
支持	zhīchí	[n.]	[3级]	5
支教	zhī jiào			2
只要	zhǐyào	[conj.]	[2级]	5
知名度	zhīmíngdù	[n.]	[7-9级]	3
知识	zhīshi	[n.]	[1级]	5
织数	zhīshù	[n.]		3
直梯	zhítī	[n.]		4
值班	zhí bān		[5级]	4
值乘	zhíchéng	[v.]		5
值得	zhí dé		[3级]	1
职工	zhígōng	[n.]	[3级]	4

至少	zhìshǎo	[adv.]	[3级]	3
至于	zhìyú	[prep.]	[6级]	4
志愿者	zhìyuànzhě	[n.]	[3级]	4
质量	zhìliàng	[n.]	[4级]	3
致电	zhì diàn			1
致富	zhìfù	[v.]	[7-9级]	3
智商	zhìshāng	[n.]	[7-9级]	1
中华民族	Zhōnghuá Mínzú	[p.n.]	[3级]	2
中央	zhōngyāng	[n.]	[5级]	5
终点	zhōngdiǎn	[n.]	[5级]	5
终于	zhōngyú	[adv.]	[3级]	3
衷心	zhōngxīn	[adj.]	[7-9级]	5
重视	zhòngshì	[v.]	[2级]	1
粥	zhōu	[n.]	[6级]	6
猪队友	zhūduìyǒu	[n.]		3
主场	zhǔchǎng	[n.]		2
助理	zhùlǐ	[n.]	[5级]	4
住宿	zhùsù	[v.]	[7-9级]	3
注册	zhù cè		[5级]	3
注意	zhù yì		[3级]	1
注意脚下安全	zhùyì jiǎoxià ānquán			4
祝	zhù	[v.]	[3级]	1

著名	zhùmíng	[adj.]	[4级]	2
抓好	zhuāhǎo			4
抓紧	zhuā jǐn		[4级]	4
专门	zhuānmén	[adv.]	[3级]	3
专业	zhuānyè	[adj.]	[3级]	3
专注	zhuānzhù	[adj.]	[7-9级]	4
转	zhuǎn	[v.]	[3级]	1
转车	zhuǎn chē			3
转行	zhuǎn háng			6
赚钱	zhuàn qián		[6级]	3
状况	zhuàngkuàng	[n.]	[3级]	3
追求	zhuīqiú	[v.]	[4级]	2
资料	zīliào	[n.]	[4级]	3
自然	zìrán	[adj.]	[3级]	3
自信	zìxìn	[adj.]	[4级]	1
字母	zìmǔ	[n.]	[4级]	3
综控员	zōngkòngyuán	[n.]		4
走不动	zǒu bu dòng			5
走掉	zǒudiào			6
走亲戚	zǒu qīnqi			5
组建	zǔjiàn	[v.]	[7-9级]	3
组长	zǔzhǎng	[n.]	[2级]	1

攥	zuàn	[v.]		5
尊重	zūnzhòng	[v.]	[5级]	1
作为	zuòwéi	[prep.]	[4级]	1
作用	zuòyòng	[n.]	[2级]	2
座	zuò	[m.]	[2级]	4
座儿	zuòr	[n.]		6

博雅学与练

微信使用指南

1. 扫描二维码关注"博雅学与练"公众号,关闭页面,回到微信页面。

2. 用微信扫描图书二维码即可打开该图书的学习页面,之后也可通过"博雅学与练"公众号主页面右下角"我的书架"打开图书。

博雅学与练

USER'S GUIDE BY WECHAT

STEP 1:

Scan the QR code below, click the highlight point "博雅学与练" and add the official account "关注公众号". Then close the page.

STEP 2:

Scan the specific book's QR code, and get into the learning page immediately. Later, the book will always be on "我的书架" and you can also click the book cover and enjoy your learning.